本书获得国家自然科学基金青年项目"组织从偶发事件中学习机制的研究：基于组织注意力的视角"（71302119）资助

U0678980

经济管理学术文库·经济类

经验属性对组织从偶发事件中学习成效影响的实证研究

The Effect of Experience Attributes on Organizational Learning from Rare Events

赵 晨／著

经济管理出版社
ECONOMY & MANAGEMENT PUBLISHING HOUSE

图书在版编目（CIP）数据

经验属性对组织从偶发事件中学习成效影响的实证研究/赵晨著. —北京：经济管理出版社，2014.11

ISBN 978-7-5096-3464-6

Ⅰ. ①经… Ⅱ. ①赵… Ⅲ. ①组织管理学—研究 Ⅳ. ①C936

中国版本图书馆 CIP 数据核字（2014）第 247824 号

组稿编辑：张永美
责任编辑：张永美 高 娅
责任印制：黄章平
责任校对：张 青

出版发行：经济管理出版社
（北京市海淀区北蜂窝 8 号中雅大厦 A 座 11 层 100038）
网 址：www. E-mp. com. cn
电 话：（010）51915602
印 刷：大恒数码印刷（北京）有限公司
经 销：新华书店
开 本：720mm×1000mm/16
印 张：13.5
字 数：183 千字
版 次：2014 年 11 月第 1 版 2014 年 11 月第 1 次印刷
书 号：ISBN 978-7-5096-3464-6
定 价：45.00 元

本书得到国家自然科学基金青年项目"组织从偶发事件中学习机制的研究：基于组织注意力的视角"（71302119）的资助。

前　言

　　偶发事件是指发生概率较低且影响程度较大的不寻常事件。铁路和民航企业发生的灾难事故、煤矿透水或瓦斯爆炸等安全生产事故、企业员工罢工或自杀等极端行为、企业召回产品或并购重组等均属于偶发事件范畴。但是，由于从偶发事件中获得的经验具有稀缺性、模糊性和复杂性等特点，组织从偶发事件中学习的过程非常困难，而且不恰当的经验学习过程甚至可能危害组织绩效。由此导致，虽然组织普遍开始重视偶发事件，并且在偶发事件的触发下积极开展组织学习，但是组织的学习行为通常并未收到良好的成效，类似的偶发事件一段时间之后又会发生，这严重挫伤了企业和公共组织从偶发事件中学习的积极性。近年来，西方学者掀起了针对组织从偶发事件中学习的研究热潮，使其成为组织学习研究领域中的一个崭新分支。但是，直到2012年才有国内学者尝试引入组织从偶发事件中学习的概念，并对西方研究进行了较为全面的综述。由此，本书的目的就是在对西方从偶发事件中学习研究进行系统梳理的基础上，总结组织从偶发事件中学习的一般规律，提高我国企业从偶发事件中汲取经验的能力，趋利避害以提高绩效水平。

　　本书从经验本身的内在属性这一未被关注的视角入手，提出经验属性能够影响组织从偶发事件中学习的过程：偶发事件及其所包含经验的属性可以营造一种激发组织学习的情境，这种特殊情境会使组织的注意力集中到偶发事件上，成为组织开展刻意式学习的动力。刻意式学习能够改变组织知识，进而改变组织行为，最终体现在组织绩效上。本书提出经验包括异质性、重复性和一致性这 3 种属性：异质性表示一定时期内所获得经验的多样性和新颖程度；重复性表示一定时期内相似经验多次重现的程度；一致性是一定时期内所获得经验的内在相关程度。在对 1991~2010 年美国民用航空产业所经历的 746 起重大事故的原因进行编码的基础上，本书以重复数目、时间间隔和相关程度这 3 个指标来反映经验的重复性，以事故—原因二模网络密度来反映经验的一致性，使用泊松回归和面板泊松回归分别验证了偶发事件经验的重复性和一致性确实能够影响组织绩效。从整体上看，经验的重复性越高则组织绩效越好，而经验的一致性对于绩效的影响并不总是越高越好，需要结合经验的重要程度和经验的来源进行具体分析。同时，为将上述结论应用于生产实践，本书提出组织从偶发事件中学习应依照叙述、分类、编码和解析四个步骤来开展。组织不但要建设知识经验管理系统，更要重视对经验本身进行发掘整理。组织不但要重视对单一偶发事件进行详细的文字描述，更要重视对多次偶发事件进行综合的数量分析。组织不但要善于利用已有知识和经验，更要善于在此基础上结合组织情境创造出新颖高效的行为方式，由此提高组织学习成效和组织绩效水平。

本书是在我的博士论文以及博士毕业至今所做的相关研究基础上发展而来的，是我对组织从偶发事件中学习研究的一个阶段总结。虽然学术研究的道路并不平坦，但是一路走来也并未觉得艰辛，反而觉得越来越有乐趣。乐趣的来源并非来自个人第一本专著即将出版，而是一直以来的成长和进步，是逐渐悟道的过程。当然，这一过程离不开国家的培养、领导的关心、导师的指导、亲人的支持和朋友们的帮助。在书稿付梓之际，谨对他们表示由衷的感谢。

首先要感谢我在清华大学攻读博士期间的导师陈国权教授。陈老师是一位良师，他敏锐的学术思维和严谨的治学态度使我终身受益。我是在获得学士学位后直接攻读博士学位的，并未经历硕士研究阶段，是陈老师跨越式地将我直接带入了学术研究的殿堂。他总是在繁忙的工作中抽出时间与我充分探讨研究思路和操作细节，反复推敲论文字句，而且我们总能在交流中碰撞出一些新想法，并且成为之后研究的突破点，这些言传身教使我迅速找到了研究方向并开展独立研究。陈老师也是一位益友。他不仅指导我的学术研究，还积极关心我的个人成长，尽可能地为我提供良好的学术条件。这不仅包括数据调研的支持，也包括为我创造出国访问的机会，而且我的每次成长进步都能收到陈老师的祝贺。现在想来，正是这些积极的回应与鼓励支撑我一步步走上了学术研究的职业道路。可以说，陈老师是我为学的楷模，为人的榜样，有这样一位良师益友是我一生的财富。

感谢国家留学基金委给予我公派留学的资助，使我得以在美国华盛顿大学福斯特商学院组织管理系开展为期一年的联合培养学习，并且得到陈晓萍教授的悉心指导。陈晓萍教授是组织管理研究领域的知名华人学者，与她的多次交流使我对研究的认识上了一个新的台阶，并且开始迈向国际化。在美丽的华盛顿湖畔，我系统地阅读了多个领域的文献，完成了个人的第一篇英文论文，以及本书实证研究部分的数据收集工作。这期间，我还要感谢美国西雅图的 Mendrey 夫妇为我提供了良好的生活环境，他们像家人一样给予我关爱和照顾，并且使我真切感受到了美国的家庭文化，极大丰富了我的人生阅历。

感谢目前我所在的工作单位——首都师范大学管理学院对本书的出版提供资助。这本书稿的交付之际也正值我在首都师范大学管理学院工作期满两年。这两年中，我顺利完成了从学生到教师的蜕变，完成并发表了一系列学术论文，成功获批国家自然科学基金青年项目（71302119），本书也是此项目的阶段性成果。这些成绩的背后与学院给予我的大力支持是分不开的，我由衷地感谢首都师范大学管理学院院长赵新峰教授、党委书记胡洁老师、科研副院长许志晋教授、教学副院长傅树京教授、行政副院长李红芸老师和张琪老师、专业负责人田松青副教授等各位领导为青年教师成长所创造的有利条件，以及给予我个人的关心、指导和帮助。同时，我也要感谢首都师范大学管理学院的各位同仁，是你们让我迅速融入学院大家庭，感受到彼此之间的温暖和关爱。

我还要感谢我的家人，这本书也凝聚着他们的心血。父母的爱护是最博大、最无私的，他们倾尽全力培养我成人成才，并为此忍受了许多，也放弃了许多。如今，我每取得一项成绩，总是最先打电话给我的父母，与他们分享这份喜悦，让他们享受这份荣耀。对于我这个总是忙于工作而不常回家看看的儿子，希望这些喜悦与荣耀是对父母的最好补偿。最后，我要特别感谢我的妻子，她与我有着相似的背景和经历，两条人生轨迹在美丽的华盛顿大学校园中相汇了，从此她不仅是我生活上的伴侣，也是我工作上的伙伴，更是研究灵感的来源。因为有她的左右陪伴，我在学术道路上并不孤单，始终信心百倍地阔步前行。

本书的出版是一个阶段的总结，更是一个全新的起点，我将加倍努力，开启新的征程。

赵　晨

于首都师范大学

2014 年 8 月 28 日

目　录

第1章　引言 ·· 001

　1.1　问题提出 ··· 001

　　1.1.1　组织从偶发事件中学习现状 ················· 002

　　1.1.2　组织从偶发事件中学习特点 ················· 008

　1.2　研究意义 ··· 009

　　1.2.1　理论意义 ··· 009

　　1.2.2　实践意义 ··· 012

　1.3　全书内容框架 ··· 013

第2章　文献综述 ·· 017

　2.1　组织从经验中学习 ··· 018

　　2.1.1　组织知识与组织学习 ····························· 018

　　2.1.2　个人从经验中学习 ································· 020

　　2.1.3　群体从经验中学习 ································· 021

　　2.1.4　组织从经验中学习 ································· 023

2.2　组织经验的分类 ………………………………………… 030

　　2.2.1　经验的来源维度 ………………………………… 030

　　2.2.2　经验的内容维度 ………………………………… 031

　　2.2.3　经验的空间维度 ………………………………… 036

　　2.2.4　经验的时间维度 ………………………………… 036

2.3　组织从连续事件经验中学习 ………………………… 038

　　2.3.1　学习曲线的基本模型 …………………………… 039

　　2.3.2　学习速率差异的检验 …………………………… 040

　　2.3.3　学习速率的影响因素 …………………………… 041

2.4　组织从偶发事件经验中学习 ………………………… 047

　　2.4.1　影响组织从偶发事件中学习的因素 …………… 051

　　2.4.2　组织从偶发事件中学习对组织绩效的改进 …… 054

　　2.4.3　组织从偶发事件中学习的过程 ………………… 056

2.5　组织注意力 …………………………………………… 060

　　2.5.1　组织注意力的定义和分类 ……………………… 060

　　2.5.2　注意力基础观 …………………………………… 062

　　2.5.3　注意力基础观在组织从偶发事件中学习研究中的
　　　　　 应用 …………………………………………… 064

2.6　本章小结 ……………………………………………… 066

第 3 章　组织基于偶发事件开展从经验中学习的实践方法 ……… 071

3.1　实践方法与步骤 ……………………………………… 072

3.1.1　叙述 ………………………………………… 072

3.1.2　分类 ………………………………………… 074

3.1.3　编码 ………………………………………… 075

3.1.4　解析 ………………………………………… 077

3.1.5　四步骤实践方法与组织学习的关系 …………… 079

3.2　3M 公司从偶发事件中学习 ……………………… 081

3.2.1　3M 公司简介 ………………………………… 081

3.2.2　报事贴的发明历程 …………………………… 082

3.2.3　叙述所起的关键性作用 ……………………… 084

3.3　民航产业从偶发事件中学习 ……………………… 086

3.3.1　经验来源 ……………………………………… 087

3.3.2　经验叙述 ……………………………………… 090

3.3.3　经验分类 ……………………………………… 092

3.4　本章小结 …………………………………………… 095

第 4 章　经验属性对组织从偶发事件中学习影响的理论模型 …… 099

4.1　理论模型概览 …………………………………… 099

4.2　组织从偶发事件中学习的过程 …………………… 100

4.2.1　情境 …………………………………………… 100

4.2.2　注意力 ………………………………………… 104

4.2.3　刻意式学习 …………………………………… 107

4.3　组织从偶发事件中学习的成效 …………………… 108

4.3.1　组织知识 ···················· 109

4.3.2　组织行为 ···················· 110

4.3.3　组织绩效 ···················· 111

4.4　偶发事件所含经验的内在属性 ··············· 113

4.4.1　异质性 ···················· 113

4.4.2　重复性 ···················· 115

4.4.3　一致性 ···················· 117

4.5　本章小结 ······················· 119

第 5 章　经验的重复性对组织从偶发事件中学习的影响 ·········· 121

5.1　研究假设 ······················· 122

5.1.1　重复数目 ···················· 123

5.1.2　时间间隔 ···················· 125

5.1.3　相关程度 ···················· 126

5.2　研究方法 ······················· 127

5.2.1　样本 ····················· 127

5.2.2　编码 ····················· 129

5.2.3　因变量 ···················· 133

5.2.4　自变量 ···················· 134

5.2.5　控制变量 ···················· 135

5.2.6　数据分析 ···················· 136

5.3　假设检验 ······················· 137

5.4　结果分析 ······················· 140

5.5　本章小结 ……………………………………………………… 141

第 6 章　经验的一致性对组织从偶发事件中学习的影响 ………… 143

6.1　研究假设 ……………………………………………………… 144

6.1.1　刻意式学习的作用时效 ……………………………… 144

6.1.2　经验搜索范围 ………………………………………… 145

6.1.3　偶发事件经验的一致性 ……………………………… 147

6.2　研究方法 ……………………………………………………… 149

6.2.1　样本 …………………………………………………… 149

6.2.2　因变量 ………………………………………………… 149

6.2.3　自变量 ………………………………………………… 149

6.2.4　控制变量 ……………………………………………… 152

6.2.5　数据分析 ……………………………………………… 152

6.3　假设检验 ……………………………………………………… 154

6.4　结果分析 ……………………………………………………… 157

6.5　本章小结 ……………………………………………………… 158

第 7 章　结论 ……………………………………………………… 161

7.1　研究的主要结论 ……………………………………………… 161

7.2　研究的主要贡献 ……………………………………………… 165

7.2.1　研究的创新点 ………………………………………… 165

　　7.2.2　研究的实践意义 ·· 169

　7.3　研究局限及未来展望 ·· 176

参考文献 ·· 179

第1章 引言

1.1 问题提出

偶发事件（Rare Events）是指发生概率较低且影响程度较大的不寻常事件[1,2]。铁路和民航企业发生的灾难事故、煤矿透水或瓦斯爆炸等安全生产事故、企业员工罢工或自杀等极端行为、企业召回产品或并购重组等均属于偶发事件范畴。虽然偶发事件不常发生，但是一旦发生则会对组织的持续生存和长远发展产生重大影响，因此组织从偶发事件中总结经验教训，防止不利事件再次发生具有重要意义。

组织从偶发事件中学习是指组织从偶发事件中获取经验和教训，改变组织今后经历类似事件的概率，使组织趋利避害提高绩效水平的过程[1,3,4]。虽然组织从偶发事件中学习具有重要意义，但是由于从偶发事件中获得的经验具有稀缺性、模糊性和复杂性等特点，组织从偶发性事件中学习的过程比较困难，而且不恰当的学习方式又可能误导组织学习甚至危害组织绩效[5]。我们首先对快餐连锁企业食品安全问题、"7·23"甬温线特别重大铁路交通事故、"挑战者"号航天飞机失事以及TCL集团海外并购失利这4个现实案例进行分析，以明确当前组织从偶发事件中学习的现状，引出本书的研究问题。

1.1.1 组织从偶发事件中学习现状

（1）食品安全问题为偶发事件，快餐连锁企业一错再错。2012 年 11 月 23 日，中国经济网报道，山西粟海集团是肯德基和麦当劳的原料供应商，其签约养殖户称，按照粟海集团所属公司要求，一个棚里装 5000 只鸡，密度大很容易生病，而解决方法就是不断地喂药，提高鸡的抗病能力。因为鸡的生长周期仅 45 天，不等发病就被拉走屠宰。而且饲养过程中使用了大量未知化学药剂和抗生素，养殖者从不食用这些肉鸡[6]。报道发布当晚，肯德基（中国）官方微博回应称："山西粟海集团在肯德基鸡肉原料供应体系中属于较小的区域性供应商，仅占鸡肉采购量的 1%左右……肯德基将进行调查，加强检验，并根据调查情况作相应处理。"[7] 随后，麦当劳（中国）有限公司称山西粟海集团并非是它们现有的鸡肉供应商。尽管麦当劳和肯德基都急着和山西粟海集团撇清关系，但山西粟海集团仍在其网站上的集团简介中介绍其"成为肯德基、麦当劳、德克士等国际著名快餐店主供应商"[8]。

在"速成鸡"喂"有毒"饲料风波尚未平息之际，2012 年 12 月 18 日，中央电视台《每日经济新闻》曝光了肯德基和麦当劳的原料供应商——山东六和集团和盈泰集团的一些养鸡场违规使用抗生素和激素来养殖肉鸡，当地一些养殖户违规喂食金刚烷胺、利巴韦林等抗病毒药品，有些养殖户给肉鸡喂食地塞米松等激素类药品，使肉鸡能够在 40 天长到 5 斤重[9]。报道播出当日，肯德基通过官方微博回应称："今年 8 月起肯德基已停止向供应商六和集团采购鸡肉原料。肯德基在进货后对所有鸡肉原料进行药残抽检，每年都会对供应商进行检查，包括饲料日志和用药记录，并进行年度资格审查"[10]。另一主角麦当劳随后也承认山东六和集团和盈泰集团是其二级供应商，并且表示麦当劳会对每批次鸡肉产品进行监测，至今没有查出六和供应的鸡肉抗生素超标问题，不过检测项目不包括激素，而它们从 12 月 18 日开始已经停用从六和采购的鸡肉产品[11]。1 个多月后，肯德基所属的百胜集团发表《致广大消费者的公开信》。公开信说："百胜将配合各级政府监管部门调查，吸取此次事件教训，并向消费者做出坚持自检制度、加强与政府沟通、严格供应商资质审查、扶植鸡肉养殖企业等 4 项承诺。"[12]

虽然肯德基等快餐企业郑重承诺会面对问题，严肃整改，并从上述事件中吸取教训，但是类似事件并未终结。2014 年 7 月 20 日晚，在上海东方卫视曝光麦当劳、肯德基、必胜客等国际知名快餐连锁店的肉类供应商——上海福喜食品有限公司"存在大量采用过期变质肉类原料的行为"。这家公司被曝通过过期食品回锅重做、更改保质期标印等手段加工过期劣质肉类，再将生产的麦乐鸡块、牛排、汉堡肉等售给肯德基、麦当劳、必胜客等大部分快餐连锁店[13]。肯德基和必胜客的母公司百胜集团已发布声明表示即刻停止向中国福喜的采购，并对上海福喜的行为严厉谴责。麦当劳也于随后宣布全面暂停使用所有福喜中国（包括其合资公司）的食品原料[14]。

尽管可以将责任推脱给食品原料供应商，但是对于快餐连锁企业而言，保证上游原材料安全与保证加工过程安全一样重要，因此肯德基和麦当劳等快餐连锁企业同样存在较大过失。更加让人难以理解的是，这些快餐连锁企业并没有从先前的食品安全事件中吸取教训，而是重复犯着近乎相同的错误。这说明，针对这些事件的组织学习行为并未真正落到实处，企业并未在这些事件的触发下发生实质性的变革。如何使企业提高对偶发事件重要程度的感知，并且通过有意识的组织学习行为，积极地从偶发事件中吸取经验教训，使组织以标志性事件为契机产生全面且系统的变革是亟待解决的问题。

（2）铁路事故为偶发事件，我国铁路部门学习收效甚微。2011 年7 月 23 日 20 时 30 分，甬温线浙江省温州市境内，由北京南站开往福州站的 D301 次动车组列车与杭州站开往福州南站的 D3115 次动车组列车发生列车追尾事故，后车 4 节车厢从高架桥上坠下。这次事故造成 40 人死亡、172 人受伤，中断行车 32 小时 35 分，直接经济损失 19371.65 万元 [15]。根据调查结果，"7·23" 甬温线特别重大铁路交通事故的原因主要有 4 点（如表 1.1 左半边所示）：①列控中心设备存在严重设计缺陷和重大安全隐患；②雷击导致列控中心设备故障；③原铁道部对列控中心设备招标和审查等环节把关不严；④上海铁路局运营管理混乱，安全意识不强，应急处置不力 [15]。

在对这 4 条原因进行深入分析后，我们发现每条原因都曾在之前或之后的事故中得到重现（如表 1.1 右半边所示）。对于原因①来说，在甬温线事故发生的 1 个月和 3 个月后，此型号的列控中心设备又相继发生了两次重大故障 [16]；对于原因②来说，虽然列车在设计之初就将防范雷电等恶劣天气考虑在内 [17]，但 2005~2011 年由雷击导致的铁路事故就有 8 次 [18]；对于原因③来说，原铁道部在之后建设 12306 订票网站的过程中同样因招投标信息不透明备受公众质疑[19,20]；对于原因④来说，2008 年发生的 "4·28" 胶济铁路特别重大交通事故的最主要原因就是运营管理混乱 [21]，但是类似的管理问题时隔 3 年后又再次出现在甬温线事故的调查报告中。

表 1.1　我国铁路部门从偶发事件中学习：以甬温线特别重大铁路交通事故为例

"7·23" 甬温线特大铁路事故原因	事故原因的重现
①列控中心设备存在严重设计缺陷和重大安全隐患	事故发生后同型号列控中心设备又发生了两次重大故障
②雷击导致列控中心设备故障	2005~2011 年由雷击导致的铁路事故就有 8 次
③原铁道部对列控中心设备招标和审查等环节把关不严	原铁道部斥资 3.3 亿元建设的 12306 订票网站因招投标信息不透明备受公众质疑
④上海铁路局运营管理混乱，安全意识不强，应急处置不力	2008 年发生的 "4·28" 胶济铁路特大事故的最主要原因同样是铁路运营管理混乱

尽管我们经常在事故后听闻铁道部派出督导组对下属的 18 个铁路局展开安全大反思、大检查活动 [22]，也就是说确实表现出组织学习行为，但是从上述铁路事故案例中可以发现，每次事故都不是全新的，

总有部分比例的原因是曾经出现过的，或是曾经出现原因的重新组合，组织学习行为并未真正获得成效。我们需要研究组织如何提高从偶发事件中学习的成效，使铁路企业走出发生事故、调查原因、整改提高、类似事故再次发生这样一个怪圈。

（3）航天飞机零件破损为偶发事件，美国航空航天局断章取义。1986 年 1 月 28 日早上 9 点 38 分，美国"挑战号"航天飞机在肯尼迪航天中心发射几十秒钟后发生爆炸，造成 7 个宇航员失去生命。美国政府事故调查小组认为航天飞机爆炸的原因是：当天发射时空气温度低（18 华氏度，约 -8 摄氏度）导致 O 形环密封圈性能失常，使炽热的气体泄漏出来，点燃了外部燃料罐中的燃料，外燃料箱起火爆炸[23]。

这一悲剧事情本来是可以避免的。在发射之前，专门为美国航空航天局制造助推器的塞奥科公司（Morton Thiokol）专家罗杰·鲍斯约利曾向美国宇航局反映，航天飞机中的 O 形环元件在低温下的密封和其他相关性能减弱，会增加航天飞机的危险。但是令人遗憾的是，在决定是否发射的会议上，美国航空航天局的决策团队根据不完整的数据得出了错误的结论[24]。图 1.1（a）显示的是挑战者号发射前团队讨论使用的数据，尽管塞奥科公司的科学家反复强调低温对 O 形环的不利影响，但美国航天局官员则用高温（华氏 70 和 75 度）发射时也出现了破损的情况对塞奥科公司的观点进行了反驳。由于只有这种形状分布的 7 个数据点，塞奥科公司的科学家无法说服大家接受自己的观点。而爆炸之后，政府事故调查小组用的是图 1.1（b），其不仅包含了前面这 7 个破损点，而且还包含了所有没有出现问题（破损为 0）的点，将所有这些点整体来进行分析，很容易发现这一规律：高温大大降低了 O 形环破损的概率，而低温确实对 O 形环性能具有显著的负面影响。

由此可见，在进行挑战者号是否按时发射的决策时，决策者们只分析了之前曾出现问题的案例，忽视了之前未曾出现问题的案例，因此得出了温度与破损无关的论断。也就是说，偶发事件稀缺且不连续

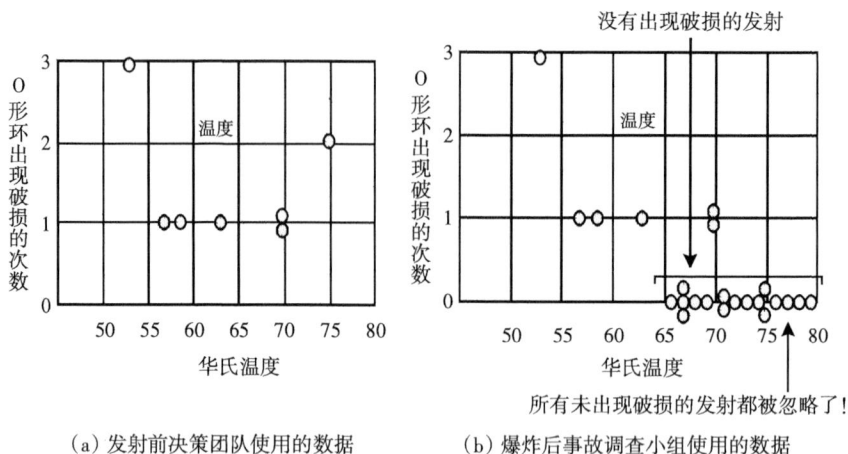

（a）发射前决策团队使用的数据　　　（b）爆炸后事故调查小组使用的数据

图 1.1　挑战者号发射前后使用的数据对比

资料来源：Russo 和 Schoemaker（1990）。

的特点使得偶发事件之间的关系难以捕捉，容易被人为割裂从而犯以偏概全的错误。如何帮助组织在偶发事件之间建立联系，使因果关系更加明确是需要解决的问题。

（4）并购重组为偶发事件，TCL 公司深陷海外并购泥潭。TCL 集团股份有限公司创立于 1981 年，是中国最大的、全球性规模经营的消费类电子企业集团之一。1996 年，李东生出任 TCL 集团总裁，从此开始了大刀阔斧的改革和一系列的资本运作。通过在国内市场的一系列并购和整合，TCL 的产能迅速扩张，企业迅速发展壮大（表 1.2）。在进行大规模海外并购前的 2003 年，TCL 集团公司主营业务收入为 282.5 亿元，净利润为 5.71 亿元，多数财务指标与竞争对手相比均占据绝对优势。

在国内一系列成功的并购活动之后，TCL 集团开始进行密集的海外并购，在 2002~2004 年短短 3 年时间里，TCL 相继收购了德国施耐德、法国汤姆逊和阿尔卡特等欧洲知名企业。虽然这些大手笔的收购使 TCL 集团获得了一些收益，例如，借收购施耐德的机会打入了壁垒森严的欧盟市场，通过收购汤姆逊使彩电产量一跃成为世界冠军，而且借与阿尔卡特的联姻获得了部分手机核心专利，但却最终陷入亏损泥潭。TCL 在 2005 年和 2006 年连续亏损 35 亿元，仅 2005 年一年的亏损就超过了公司辉煌时期的 2002 年、2003 年及 2004 年三年的利润总和，这直接导致 2007 年被证交所戴上令人难堪的"ST"帽子。为免除破产，TCL 在 2005 年，即收购阿尔卡特 8 个月后，被迫提前中止了与阿尔卡特的合资关系，同时出售了部分业务和厂房以获得资金，TCL 与汤姆逊的合资公司 TTE 也于 2007 年申请破产清算，TCL 之后数年间一直纠缠于索赔诉讼之中[25-27]。

表 1.2　TCL 公司并购发展历程

	年份	并购事件	并购成效
国内并购总体成功	1996	兼并香港陆氏公司彩电项目	TCL 获得了彩电生产基地和彩电研发能力
	1997	兼并河南新乡美乐电视机厂，成立 TCL—美乐电子有限公司	在 CRT 时代，美乐作为 TCL 在中原地区的主要彩电生产基地，发挥了重要的战略辐射作用
	1999	控股翰林汇软件产业公司	翰林汇增强了 TCL 的销售能力，同时也成为 TCL 的一个重要的利润来源
	1999	重组内蒙古彩虹电视机厂，成立内蒙古 TCL 王牌电器有限公司	内蒙古 TCL 王牌电器有限公司现已成为 TCL 制造系统重要的生产制造基地
	2000~2001	兼并无锡虹美电视机厂和无锡永固电子公司，成立 TCL 数码科技（无锡）有限公司	通过并购，TCL 建起其在华东地区的高科技产品研发制造基地，提高了液晶电视的制造能力，并进而强化其辐射华东的销售战略
	2000	兼并中山索华空调，成立 TCL 空调器（中山）有限公司	空调器生产现为 TCL 集团三大支柱产业之一，同时为国内重要的空调产业中心之一
	2003	收购乐华彩电品牌，成立广州数码乐华科技有限公司	乐华品牌与 TCL 品牌优势互补，使 TCL 成为国内彩电行业第一家双品牌运作的企业
海外并购失利	2002	收购德国施耐德公司	三大海外收购完成后，TCL 集团在 2005 年和 2006 年连续亏损，共计亏损 35 亿元，并因此戴上了"ST"的帽子。由于欧洲业务持续亏损，2005 年，即收购阿尔卡特仅 8 个月后，TCL 被迫提前中止了合资关系，同时出售部分自身资产以获得资金，TTE 欧洲公司也于 2007 年申请破产清算
	2003	收购法国汤姆逊公司，组建全球最大的彩电供应商 TTE	
	2004	收购法国阿尔卡特公司，双方组建从事手机研发、销售的合资公司	

资料来源：TCL 官网、丘慧慧（2005）、孙聪颖（2011）、蓝狮子和吴晓波（2012）。

　　TCL 海外并购失利固然与战略决策错误、资本运作不当和文化整合困难等因素有关，但是最根本的原因是被国内成功的并购经历冲昏了头脑，对海外并购盲目乐观，各方面准备不足。虽然 TCL 是最早从事海外收购的国内公司之一，但海外收购过程中遇到的问题也并非没有前车之鉴。而且在接连从事汤姆逊和阿尔卡特的收购过程中，TCL内部也不乏反对之声。但是这些都没能阻止当时自信心极度膨胀的TCL。正如TCL集团公司董事长兼CEO李东生在2012年初接受《经济观察报》记者采访时说："我们当时对并购的准备现在看起来是不够充分，过度自信的。"[28] 由此可见，组织从偶发事件中学习的困难之处还体现在，偶发事件积累与绩效改进之间并不是一个线性关系，偶发事件本身的一些特点能够影响组织决策者的心理特征以及组织的行为方式。

1.1.2　组织从偶发事件中学习特点

通过对上述4个组织从偶发事件中学习的代表性案例分析，可以总结出如下特点：

第一，对组织从偶发事件中学习进行研究十分必要。组织从偶发事件中学习与一般意义上的组织学习有较大差异，原有的组织学习理论并不一定能很好地指导组织从偶发事件中学习实践。因此十分有必要对组织从偶发事件中学习进行专门研究，以提高组织从偶发事件中学习的成效，从而使组织持续生存并且健康发展。

第二，组织从偶发事件中学习相对困难。从偶发事件中获得的经验具有稀缺性、模糊性和复杂性等特点，这使得组织难以通过试错法等方式获得绩效改进，而且不恰当的学习方式又可能误导组织学习甚至危害组织绩效。因此需要对组织从偶发事件中学习的内在机制加以研究，提高组织从偶发事件中学习的成效。

第三，组织需要关注偶发事件之间的相互联系。看似孤立且零散的偶发事件之间却有着内在的联系。偶发事件不但在内容维度上具有相似性，而且在时间维度上具有重复性。这就要求组织不但要重视当前发生的偶发事件，还要重视先前发生的偶发事件，将当前偶发事件与先前偶发事件联系起来，克服偶发事件数量稀缺造成的不利影响，使组织更加准确完整地识别偶发事件背后隐藏的因果关系。

第四，组织及其决策者的注意力需要引起关注。组织决策者并非完全理性，其所做出的决策一方面受到自身认知资源的限制，另一方面也受到组织内外情境的影响。因此，有必要将组织决策者的个人信息处理过程与组织行为相连接，考察在不连续的刺激下，组织内部资源分配、结构设置以及行为导向的发展变化。

1.2　研究意义

1.2.1　理论意义

第一，传统组织学习研究主要关注连续事件，而对偶发事件关注较少。人们往往将偶发事件当作统计上的异常值来看待，由此容易被组织忽视。本书将聚焦于组织从偶发事件中学习。偶发事件是指发生概率低且对组织影响程度大的事件。由于从偶发事件中获得的经验具有稀缺性、模糊性和复杂性等特点，组织从偶发性事件中学习经验的过程非常困难，而且不恰当的经验学习过程甚至可能危害组织绩效。西方学者从 2009 年开始关注组织从偶发事件中学习，在近几年内掀起了一股研究热潮；国内正式出现对组织从偶发事件中学习的探讨要属邓少军和赵付春（2012）发表的研究综述，但关于此议题的实证研究较少。而且，受经典的学习曲线（Learning Curve）研究范式影响，已有研究多数是在检验经验累积与绩效改进之间的直接统计关系，较少关注经验对绩效影响的内在过程，经验积累与组织绩效改进之间仍然是一个黑箱。本书试图提出一个相对完整的理论框架来对从偶发事件中获得的经验影响组织绩效的中间过程进行初步探索，以解释组织从偶发事件中学习的内在机制，明确组织从偶发事件中学习的一般规律，提高组织从偶发事件中汲取、整理、存储和应用经验的能力。

第二，本书将从经验属性的视角来拓展组织从经验中学习的理论。之前以学习曲线为代表的相关研究从学习过程、任务特征和组织特征等方面对组织从经验中学习的速率进行解释。但是作为组织学习的源头，经验本身却未被引起足够的重视。其中重要的原因是，人们普遍认为经验的获取是一个自然累积的过程，而非组织的主动性行为。既然人们无法预见将会获得何种经验，也就无从研究经验的内在属性如何对组织学习过程产生影响。本书虽然并不否认经验的获取是一个被动的过程，但却认为经验的内在属性能够影响组织从经验中学习的过程。经验的内在属性反映了组织在一段时期内从所发生事件中所获得经验之间的相互关系。一方面，每次事件，尤其是对组织产生较大影响的偶发性事件，为组织开展从经验中学习提供了绝佳的机会；另一方面，当前事件与历史事件之间的关系能够对组织情境产生影响，不同的情境能够触发组织采取不同的学习行为，从而加强或减弱组织从经验中学习的成效。当前组织从偶发事件学习研究普遍将偶发事件视为激发组织开展学习活动的良好契机，仅强调当前事件对组织学习的触发效应，即组织在偶发事件发生后所采取的一系列调查整改过程和结果，而对本组织之前发生的历史事件关注不足。这一方面容易使组织基于不完整信息进行错误归因，另一方面也容易使组织将当前事件视为小概率事件，降低了组织从这一特殊事件中学习的意愿。为了弥补这一研究的不足，本书将偶发事件分为当前偶发事件与先前偶发事件，一方面研究当前偶发事件对组织学习的触发效应，另一方面研究当前事件与先前事件之间的关系对组织学习的强化效应，深入探讨偶发事件经验属性对学习过程的影响机制。

第三，本书在对经验属性进行操作化处理的过程中，突破了前人对经验异质性的探讨，从多个维度来全面揭示经验的内在属性。已有文献对于经验属性的探讨局限于经验的异质性，即经验的多样与新颖程度。事实上，经验本身具有多重属性，可从来源维度、内容维度、空间维度和时间维度等方面对经验进行细致划分。而异质性仅仅关注了经验的内容维度，尚不足以反映经验的多重属性特征。此外，之前关于异质性的研究局限于讨论某一事件所含经验的异质性，但单一事件的经验属性对组织影响有限，组织更倾向于将组织经历过的事件与当前事件综合考虑。为此，本书将从异质性、相似性和重复性这 3 个维度构建统计指标来反映一段时期内发生的多次事件所含经验的整体属性，并用其解释不同组织学习效率存在的差异，反映组织从偶发事件中学习的过程，最终使组织化被动为主动，以事件的发生为契机，综合历史上经历的类似事件开展主动性学习行为，提高从经验中学习的成效。

第四，本书从过程和结果两方面推进了组织从偶发事件学习研究。首先，在已有的组织从偶发事件学习研究中，大部分是在探讨偶发事件和绩效改进之间的直接关系，缺乏对组织从偶发事件中学习内在机制的探讨。为此，本书从偶发事件经验属性出发，提出了情境—注意力—刻意式学习的内在机制。也就是说，偶发事件及其所包含经验的属性可以成为一种激发组织学习的情境，这种特殊情境会使组织的注意力集中到偶发事件上，成为组织开展刻意式学习的动力。而且，本书将用组织知识、组织行为和组织绩效来综合反映组织学习成效，并深入探讨组织学习成效的 3 个组成部分之间的内在逻辑关系。学者们普遍认为组织学习起始于经验，但对组织学习最终影响的结果变量一直难以形成统一意见。有学者认为组织学习带来了知识的改变，也有学者认为组织学习带来了组织行为方式的改变，还有学者认为组织学习带来了组织绩效的改变。组织学习结果变量的争论为组织学习实证研究的开展造成了困难。本书试图将组织知识、组织行为和组织绩效的改变整合为组织学习成效的改变，通过分析组织学习成效的 3 个组成部分之间的传导关系，明确组织知识、组织行为和组织绩效各自的适用条件和范围，以及如何从 3 个方面共同反映组织学习的成效。

1.2.2　实践意义

在倡导建设学习型社会的背景下，我国很多企业均积极开展组织学习，希望将企业打造成学习型组织。对于铁路、民航和采矿等企业来说，每一次安全事故都伴随着生命和财产的重大损失。如何从偶发的事故中最大限度地获取经验知识，降低之后类似事故的发生数目具有重大的现实意义。对于生产制造和服务型企业来说，产品创新、兼并重组、产品召回和融资募股等也都可以视为企业持续经营中的偶发事件，如何从中总结经验，以提高今后对于类似事件的掌控能力，是关乎企业持续生存和长期发展的关键所在。

第一，本书将构建从偶发事件中学习的实施步骤。从偶发事件中获取的经验具有稀缺性、模糊性和复杂性的特点。如果从具有上述特点的偶发事件中学习方法不当，企业非但不能通过经验学习来提高反应速度和绩效水平，反而会对企业造成误导，妨碍企业做出正确的决策。如何避免企业对经验墨守成规，促进企业在已有经验基础上推陈出新，最大限度地发挥经验的积极作用是企业面临的一个重大现实问题。为解决上述问题，本书将尝试为企业提供一套完整的解决方案，逐步分析企业应如何获取、整理、存储及应用经验，使企业从对偶发事件的被动应对转为主动地从偶发事件中学习，提高企业从偶发事件中学习的能力和绩效水平。

第二，本书将探讨如何应用组织知识管理系统支持组织从偶发事件中学习。在倡导建设学习型社会的背景下，我国很多企业均积极开展从经验中学习，希望将企业打造成学习型组织，并且投入了大量的人力和物力建设知识管理系统，部分还在知识管理系统中专门设立了与知识经验的获取与分享相关的模块。但大部分企业的此类做法收效不大，严重地挫伤了企业从经验中学习的积极性。本书将尝试回答如何帮助企业真正发挥此类知识或经验管理系统的作用，引导企业从单纯强调系统硬件建设转为重视经验的获取、整理、存储及应用的全过程，以及相应的管理制度和文化建设。以提高企业从经验中学习的能力，尤其是从偶发性事件中学习经验的能力，最终提高企业的决策质量和绩效水平。

第三，本书的研究结论对行业监管部门也将具有一定的启示意义。本书将回答具有重大社会影响的特殊行业（如民航和铁路等）监管部门如何在行业内规范从偶发事件中学习经验的流程，促进从偶发性事件中获取的经验在企业间分享，引导和推动行业内的企业积极开展从偶发事件中学习。同时，由于本书在案例研究中分析了我国民航产业从事故中学习的过程，而实证研究中又使用了美国民航产业从事故中学习的数据，因此本书在对中美民航产业从事故中学习经验进行比较的基础上，提出我国的行业监管部门可以从多个方面进一步提高。

1.3　全书内容框架

本书共分为 7 个章节，各章内容安排如下（图 1.2）：

第 1 章，引言。从快餐连锁企业食品安全问题、"7·23"甬温线特别重大铁路交通事故、"挑战者"号航天飞机失事以及 TCL 集团海外并购失利等现实问题入手，引出了本书关注的研究问题，介绍了本书的理论意义和实践意义、主要研究方法、本书结构安排等。

第 2 章，文献综述。从组织从经验中学习、组织经验的分类、组织从连续事件中学习经验以及组织从偶发事件中学习经验这 4 个方面，对研究所涉及的文献进行了详细的回顾和评述，将现有研究总结归纳为组织从经验中学习过程模型,并且提出了尚待解决的问题。

第3章,组织基于偶发事件开展从经验中学习的实践方法。本书提出组织从偶发事件中学习应依照叙述、分类、编码和解析这4个步骤来开展。为反映当前企业开展从偶发事件中学习的重要性,本章以3M公司和民航产业作为两个案例,对该实践方法进行了深入分析。

第4章,经验属性对组织从偶发事件中学习影响的理论模型。在对组织从经验中学习理论进行系统回顾和对实际企业案例进行深入分析的基础上,本书提出了经验属性对组织从偶发事件中学习影响的理论模型。模型的前因是从偶发事件中获得经验的内在属性,包括异质性、重复性和一致性;模型的中介是组织从偶发事件中学习的过程,包括情境、注意力和刻意式学习;模型的结果变量是组织从偶发事件中学习的成效,具体包括组织知识、组织行为和组织绩效。

第5章,经验的重复性对组织从偶发事件中学习的影响。本章以1991~2010年这20年间美国航空产业所经历的安全事故为样本开展实证研究。在对746起重大安全事故的原因进行分类和编码的基础上,使用泊松回归模型分析了事故重复数目、时间间隔和相关程度对航空公司事故数目的影响。

第6章,经验的一致性对组织从偶发事件中学习的影响。本章是第5章研究的深化与扩展,同样以1991~2010年这20年间美国航空公司所经历的安全事故为样本,使用面板泊松回归模型验证了固定时间间隔中经验的一致性对于组织从经验中学习成效的影响。

第7章,结论。本章归纳了本书实证研究的主要结论,总结了本书的创新点、理论贡献及实践启示,并指出了局限性和未来的研究方向。

第1章 引言	• 问题提出：组织如何从偶发事件中学习经验？ • 理论意义、实践意义、主要研究方法、本书结构安排
第2章 文献综述	• 从4方面开展文献回顾：①组织从经验中学习；②组织经验的分类；③组织从连续事件中学习经验；④组织从偶发事件中学习经验 • 提出组织从经验中学习过程模型，具体包括组织经验、学习过程、组织知识、组织绩效、过程影响因素5个部分
第3章 案例研究	• 组织从偶发事件中学习4步骤实践法：叙述、分类、编码和解析 • 3M公司报事贴发明历程案例：叙述发挥了关键作用 • 民航产业从安全事故中学习案例：叙述和分类发挥了关键作用
第4章 实证理论模型	• 经验属性对组织从偶发事件中学习影响的理论模型 • 前因（偶发事件所含经验的内在属性）：异质性、重复性和一致性 • 中介（组织从偶发事件中学习过程）：情境、注意力和刻意式学习 • 结果（组织从偶发事件中学习成效）：组织知识、行为和绩效
第5章 实证研究1	• 经验的重复性对组织从偶发事件中学习的影响 • 经验的重复性与情境的互动机制：创造机会并营造情境 • 重复性构念的操作化：重复数目、时间间隔和相关程度 • 使用美国航空产业1991~2010年所经历的安全事故为样本 • 对746起重大安全事故的原因进行分类和编码 • 泊松回归
第6章 实证研究2	• 经验的一致性对组织从偶发事件中学习的影响 • 一致性构念的操作化：事故—原因二模网络密度 • 使用美国航空产业1991~2010年所经历的安全事故为样本 • 对746起重大安全事故的原因进行分类和编码 • 面板泊松回归
第7章 结论	• 总结经验属性能够对组织学习成效产生影响 • 创新点、理论贡献、实践启示、局限性和未来的研究方向

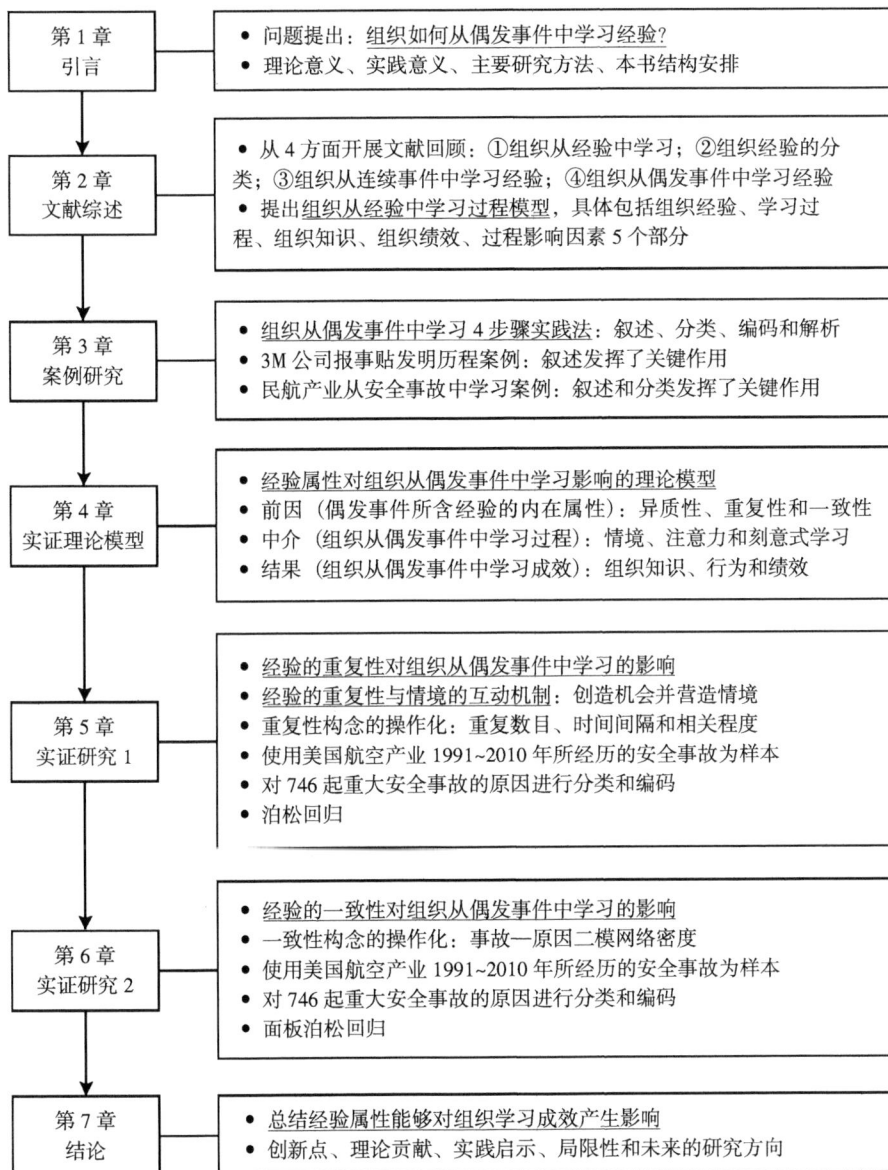

图1.2　全书结构及章节安排

第 2 章　文献综述

长期以来，组织学习一直是组织管理领域的研究热点。学者们普遍认为，组织的学习与适应能力直接决定了组织的长期绩效，并且成为了组织实现基业长青的重要保障。目前，尽管组织学习的定义多种多样，但是大多数定义的核心是将组织学习视为一种组织内部持续变化的过程。那么，究竟组织通过学习改变了什么，这个问题得到了学者们的广泛关注。早期曾经有认知改变和行为改变两种不同的观点，然而目前这一争论已逐渐平息[29]。学者们普遍接受，组织学习归根结底引发的是组织知识的改变，这种改变是伴随着组织获取经验而发生的[30]。因此，Argote 和 Miron-Spektor（2011）提出，组织学习是一个从经验到知识的循坏过程。

学者们提出了各种模型来刻画组织学习。这些研究从个人、群体和组织等多个层面分别表明：经验是学习的源头，经验积累会对组织学习的过程和结果产生重要影响[31-34]。随着研究的深入，学者们意识到将经验进行细致分类对组织从经验中学习研究具有重要意义[35]。学者们根据经验的来源维度、经验的内容维度、经验的空间维度以及经验的时间维度对组织从经验中学习进行了深入细致的研究。近期的研究热点主要集中在经验的时间维度，也就是说经验是否具有时间上的连续性。在对连续经验进行了几十年的研究基础上，学者们开始关注不连续的经验，其中以从偶发事件中学习的相关研究为代表。

本章将首先探讨组织从经验中学习的定义和过程。其次根据已有的分类维度回顾组织从经验中学习的相关研究。最后根据经验获取频率差异，回顾组织从连续事件中学习和组织从偶发事件中学习的已有研究成果。

2.1 组织从经验中学习

2.1.1 组织知识与组织学习

组织学习研究对于组织理论发展的重要贡献之一就是提出了知识对于组织的重要作用。学者们从知识获取、知识利用、知识开发、知识分享、知识存储、知识忘却等多个方面对组织学习进行了深入研究，取得了丰硕的成果。在这些文献中，组织知识被视为组织成员从事工作任务过程中持有的一系列关于因果之间关系的期望和假设[36,37]。从本质上说，组织知识是组织对外在世界的内在反映[38]。组织知识决定了组织成员所能采取的行动，以及组织成员各自能力的协调与整合过程[39]。

组织学习领域的早期研究认为组织知识是以组织整体作为一个社会行动者（Social Actor）所具有的特有属性，其只能驻留在组织层面，组织知识与组织成员的个人知识具有明显不同的特点，组织知识并不会随着组织成员的离开而减少[40~42]。但是最近的研究更倾向于认为组织知识既存在于组织层面的记忆系统，又存在于个人层面的记忆系统，个体成员离开组织会造成组织知识的流失[43~45]。从这一视角来看，组织知识既包括显性的可编码知识，主要体现在组织的目标、制度以及标准操纵惯例等方面，也包括隐性的非可编码知识，主要体现为群体认知和个人认知方面，具体包括心智模式、交互记忆系统以及组织文化等[39]。

　　组织知识是动态变化的。组织成员根据所获得的经验教训不断更新个人以及群体对组织知识的理解，在这一过程中，组织知识被创造、提炼、改变和扬弃。根据 Argyris 和 Schon 的理论，组织知识的变化起始于"个人认同的理论"（Espoused Theories）与"组织实际应用的理论"（Theories-in-Use）之间的不一致。为了减少或消除二者之间的矛盾冲突，个人开始探究问题的原因、提出解决问题的办法并且最终实施[46~48]。探究（Inquiry）是组织学习过程的核心环节，探究的结果可能会改变个人认同的理论，即个人修正对组织的认知和理解。但也可能是探究的结果使个人更加坚信自己原先所认同的理论，在这种情况下，个人会通过各种方式来影响他人，当多数人对这个理论表示认同并接受时，组织层次的知识便开始发生改变。也就是说，组织成员从个人经历或群体经历中不断总结经验并改变认知模式，进而推动制度、流程、结构及文化等组织层次的知识不断发生变化[42,49]。因此，组织学习的实质是组织知识的改变，但这种改变的前提是组织在各个层面上持续获得经验。

　　很多学者从经验的角度对组织学习进行了定义。例如，Fiol 和 Lyles（1985）认为组织学习是组织知识的变化，这种变化是组织经验的函数[50]。Madsen 和 Desai（2010）将组织学习定义为由经验所引发的任何组织知识的改变[39]。Argote 和 Miron-Spektor（2011）在对近 20 年来组织学习研究进行回顾时提出组织学习是一个将任务经验转化为组织知识，进而改变组织的内部环境，最终影响组织未来经验获取的循环过程[31]。本书沿用上述从经验角度对于组织学习的定义，但由于组织知识的变化难以观测，所以很多组织学习领域的实证研究都建立在这样一个假设的基础之上，即组织绩效的改变可以反映组织知识的改变[51,52]。因此，本书认为组织学习是由经验引发组织绩效发生改变的过程，并且把该定义作为开展本书所依循的操作化定义。

2.1.2 个人从经验中学习

任何组织均可以看作是一个由所有个体独特的行为构成的集合，这些独特的行为源自个人经验。组织中每个人所具有的经验各不相同，这些经验可能彼此协调一致，但也可能相互冲突。具有不同经验的组织成员通过协商（Bargaining），如日常交流或正式讨论，形成组织准则（Organizational Rules）[53]。正式和非正式的组织准则会对组织成员的个人行为产生影响：一方面会限制组织成员的某些个人行为，另一方面也会为组织成员开展特定活动提供所需的资源[33]。

Kolb（1984）提出个人经验学习四阶段循环模型（图 2.1）[54,55]。4 个学习阶段包括：①直接体验（Concrete Experience）。人在这一阶段获得亲身的体验和经历。②反思性观察（Reflective Observation）。人在这一阶段对体验和经历进行回顾和反思，并重新进行有意识的观察。③概念抽象化（Abstractive Conceptualization）。根据对经验的反思进行抽象思维，提出概念（知识）。④主动实践（Active Experimentation）。将获取的知识运用于新的实践并检验它，重新回到第一步即再次获得经验。

在此基础上，Kolb 提出 4 种基本学习类型：①发散型学习。与发散型学习相关的学习过程是直接体验和反思性观察。擅长发散型学习的个人善于收集各方面信息，并从多个角度分析具体问题。②吸收型学习。与吸收型学习相关的学习过程是反思性观察和概念抽象化。擅长吸收型学习的个人善于将多种信息归纳成简洁且具有较强逻辑关系的形式，然而由于他们更注重思想和抽象概念，因此对实践价值关注较少。③会聚型学习。与会聚型学习相关的学习过程是概念抽象化和主动实践。擅长会聚型学习的个人善于将思想和理论付诸实践，善于应用已有的结论和发现来解决新问题。④融通型学习。与融通型学习相关的学习过程是主动实践和直接体验。擅长融通型学习的个人善于从实际经验中学习，将计划付诸实施，并乐于从事新的具有挑战性的任务。在 Kolb 的模型中，直接体验是观察和思考的基础，当经验上升为理论，就可以作为行为的参照，并且进一步作为获取新经验的指南[56]。

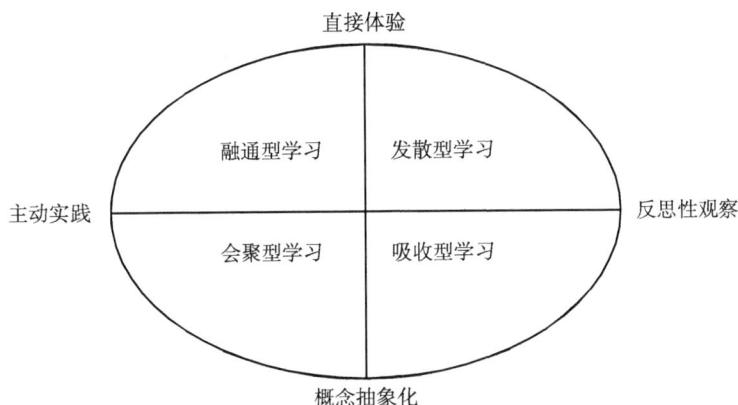

图 2.1　个人经验学习循环及基本学习类型

资料来源：Kolb（1984）。

Kofman（1992）在 Kolb 模型的基础上，提出了 OADI 个人学习循环模式，保留了四阶段模式的主要特征，但是对于每一个环节的解释有所不同，更加关注经验与所在组织具体情况的联系。这 4 个阶段是：①观察（Observe：Concrete Experience），人们积极地观察身边发生的事情；②评价（Assess：Reflect on Observations），对经验进行评价，即对经验进行反思；③设计（Design：Form Abstract Concepts），形成和创造抽象的概念；④应用（Implement：Test Concepts），通过将概念应用于现实世界来检验其正确性[57]。

2.1.3　群体从经验中学习

群体学习建立于个人学习之上。根据 Wilson、Goodman 和 Cronin（2007）提出群体学习过程模型（图 2.2）[34]，群体学习包括分享（Sharing）、存储（Storage）和检索（Retrieval）3 个过程。

分享是使新的知识、流程或行为分布于群体成员，并且群体成员彼此了解这种分布的过程。分享至少要经历 3 个阶段：①一些新知识、流程或行为（用 X 表示），使群体中某个成员的认知和行为发生改变，但群体中某个成员的学习并没有改变群体的认知和行为，个别成员的离开将使这部分知识流失；②同样的个人学习过程也发生在其他群体成员身上，即群体中某些其他成员也基于 X 获得了相似的认知和行为改变，但是这仍然不意味着群体学习，因为每个成员都将这种冗余当作自己的独特优势；③群体成员彼此沟通共同掌握了 X，此时群体的认知和行为发生改变，即群体学习真正发生。群体学习的发生将对群体产生两方面影响：一方面 X 不会随某个或某几个成员离开群体而流失；另一方面群体成员能够预测其他成员在今后类似情境下会做出某种特定反应，而这对于团队协作非常重要。

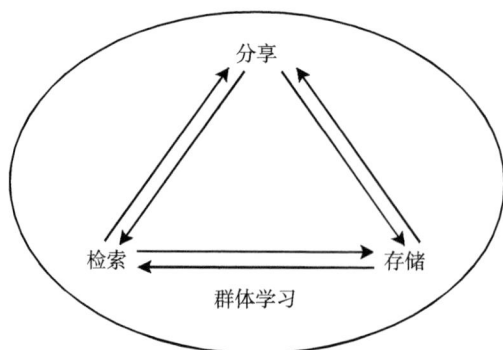

图 2.2　群体学习过程模型

资料来源：Wilson、Goodman 和 Cronin（2007）。

存储是群体将知识保持在记忆中的过程。存储的载体有 3 种：①群体成员的个人记忆，以交互记忆系统（Transactive Memory System）为代表；②正式的群体记忆系统，以管理信息系统（Management Information System）为代表；③群体的行为准则，以群体的制度、流程和文化为代表。

检索是群体成员在特定情境中找到所需的知识的过程，具体如下：①群体面临的问题使某成员触发搜索已有知识的需求；②至少 1 名群体成员知道所需的知识在何处存储；③群体真正检索到所需知识并将检索到的知识应用于解决新问题。已有知识随时间流失、群体成员间的社会距离以及新知识对原有知识的干扰都会降低检索的效果。群体成员不仅是群体知识的载体，而且在检索过程中发挥重要的线索作用。

Wilson、Goodman 和 Cronin（2007）认为，分享、存储和检索是群体学习 3 个不可或缺的过程。没有分享的存储和检索是在群体情境中的个人学习，没有存储和检索的分享又不能使群体的认知和行为随时间发生改变。增加分享的范围能减缓知识的衰减，因为知识在更多成员的记忆中存储，同时有更多的成员能够充当知识检索的线索。检索过程也能影响知识的存储，即检索可使被检索到的知识和行为得到强化，而增加了遗忘未被检索到的相关知识和行为的可能性。检索过程发生的言语互动能促进分享，同时纠正原有的错误认识。

2.1.4 组织从经验中学习

组织从经验中的学习建立于个人学习和群体学习之上，是一个包括个人、群体、组织等多个层次的学习过程。针对组织学习的具体过程，诸多学者进行了详细且深入的分析，提出了各具特色的组织学习过程模型。

Crossan 等（1999）提出了 4I 组织学习过程模型（图 2.3）[58]。在该模型中，组织学习包括直觉（Intuiting）、释义（Interpreting）、整合（Integrating）和制度化（Institutionalizing）4 个过程。

直觉是个人在经验基础上形成的一种潜在认知，是没有经过系统思考或意识推理而产生的直接理解。直觉在本质上是一个下意识（Subconscious）的过程，直觉过程产生的想法通常难以言表，有时不得不借助比喻（Metaphors）等手段来表达。直觉会影响个人行为，但直觉却难以同他人分享，只有通过人与人之间的互动才能影响他人。

释义是将见解或想法用语言和（或）行动向自己和他人解释的过

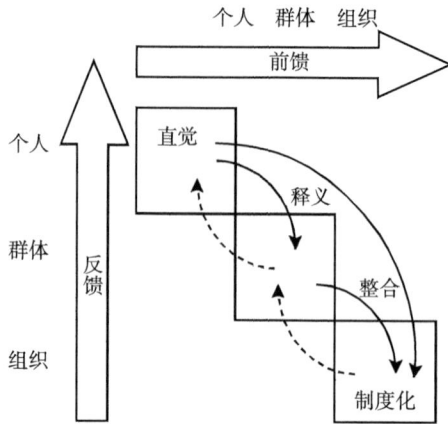

图 2.3   4I 组织学习过程模型

资料来源：Crossan 等（1999）。

程。能够解释直觉的语言（Language）对于释义过程至关重要。一方面，语言促使个人逐渐形成能够反映所处环境的认知地图（Cognitive Map）；另一方面，语言促使群体成员相互理解并易于达成共识，释义过程不再限于个人的认知活动而嵌入群体行为，群体具有了释义能力。

整合是在群体成员之间建立共同理解（Shared Understanding），并通过相互调整采取协同行动的过程。对话（Dialogue）对于达成共识至关重要。这一过程起初会倾向于不定时和非正式，但是如果这一协同行动需要被不断重复并且意义重大，其将逐渐转化成一项制度。

制度化是保证惯例式行动发生的过程。这一过程中，组织定义任务，明确行动，并且建立特别机构以确保这些行动发生。制度化是将个人和群体的学习嵌入组织的过程，其包括系统、结构、程序和战略方面的建立和调整。

这些过程的发生经过 3 个层次：个人、群体和组织。直觉发生在个人层次、制度化发生在组织层次。释义连接个人和群体层次，整合连接群体和组织层次。直觉、释义、整合和制度化是一个连续且动态的过程。通过前馈（Feed-Forward）过程，新想法和新行为从个人流向群体，又从群体流向组织，提高组织的适应环境的能力。与此同时，通过反馈（Feedback）过程，之前学习过程中形成的制度和规范从组织流向群体和个人，影响个人的认知和行为。

　　Holmqvist（2004）提出了组织经验学习过程模型（图 2.4），认为经验学习的结果使组织获得学习胜任力（Learning Competence），也就是指组织一方面能将不断重复且已获成功的事情越做越好，另一方面又不断提高对不常发生且未获成功事情的应对能力。这种胜任力是以利用式学习或探索式学习的形式体现[33]。

经验学习模式

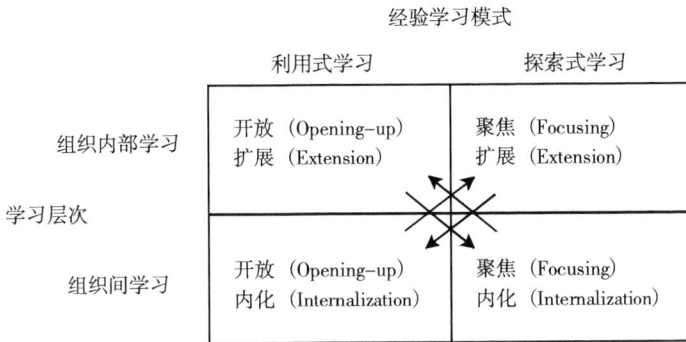

图 2.4　组织经验学习过程模型

资料来源：Holmqvist（2004）。

　　利用式学习（Exploitation）主要使经验更加可靠（Reliability），主要通过精炼（Refinement）、常规化（Routinization）、生产（Production）和实施（Implementation）等方式。探索式学习（Exploration）主要使经验更富变化（Variety），主要通过搜索（Search）、探索（Discovery）、猎奇（Novelty）、创新（Innovation）和实验（Experimentation）等方式。这两种学习的自我强化以及经验和胜任力之间的相互反馈使组织过度依靠单一经验来源，要么倾向于利用式学习，要么倾向于探索式学习，这些经验学习的不同模式最终会体现在组织准则上，即形成利用式行为准则或探索式行为准则（Rule-Like Behavior），这些组织准则会储存在个人的记忆中并影响个人行为。当组织对持续执行的行为准则的绩效结果不满意时，利用式准则会转化为探索式准则，探索式准则也会转化为利用式准则。从利用式学习到探索式学习的过程被称为开放（Opening-up），从探索式学习到利用式学习的过程被称为聚焦（Focusing）。

利用式学习与探索式学习之间的转化关系既可以发生在组织内部，也可以发生在组织之间。组织内部（Intraorganization）学习是组织内部的群体、部门和团队彼此分享经验共同学习的过程。组织间（Interorganization）学习是组织之间通过战略联盟和相互协作的群体学习过程。组织内学习和组织间学习可以被看作不同层次的学习，经验在不同层次之间的转移不是简单的复制，而是需要通过社会议价（Social Bargaining）将其他层次的经验翻译（Translation）成所在层次的语言（Language），以便与已有的组织经验整合。因此，不同层次之间的经验转移需要特定的学习过程：由组织内学习到组织间学习的过程被称为扩展（Extension），由组织间学习到组织内学习的过程被称为内化（Internalization）。

由此，根据经验学习模式（利用式学习和探索式学习）和经验学习层次（组织内和组织间）可将组织学习分为4种类型：开放扩展型、聚焦内化型、开放内化型和聚焦扩展型。4种类型之间可相互转化，不满意（Dissatisfaction）是探索式学习和利用式学习之间动态转化的驱动机制，翻译（Translation）是扩展和内化之间动态转化的驱动机制。

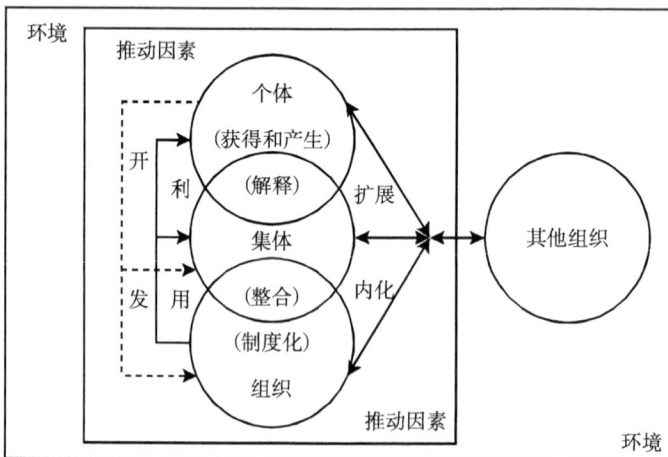

图2.5　组织学习的整合理论模型

资料来源：于海波等（2004，2007）。

于海波、方俐洛和凌文辁（2004，2007）提出了组织学习的整合理论模型（图 2.5）[59,60]。在这一模型中，组织学习被定义为，组织为了实现自己的愿景或适应环境的变化，在个体、团队（集体）、组织层和组织间进行的，不断产生和获得新的知识和行为，并对其进行解释、整合和制度化的循环上升的社会互动过程[61]。于海波等学者认为组织学习包括 4 个心理和社会互动过程：获得和产生、解释、整合和制度化[59]。获得和产生是指个体从外界或自己的经验中获得某种知识或新的行为，或者通过直觉产生某种新的知识；解释是指通过言语或行动向自己或他人解释某种观点或观念；整合是指个体间达成共识并通过相互调节采取合作行动的过程；制度化是指把个体或团队所学渗透到组织系统、结构、程序和战略中的过程，从而确保规范行动的实施。同时，组织学习还包括两个信息或知识的流动过程：利用和开发。此外，组织学习需要某些组织内部推动因素的推动，以便使组织学习得更快、更好。

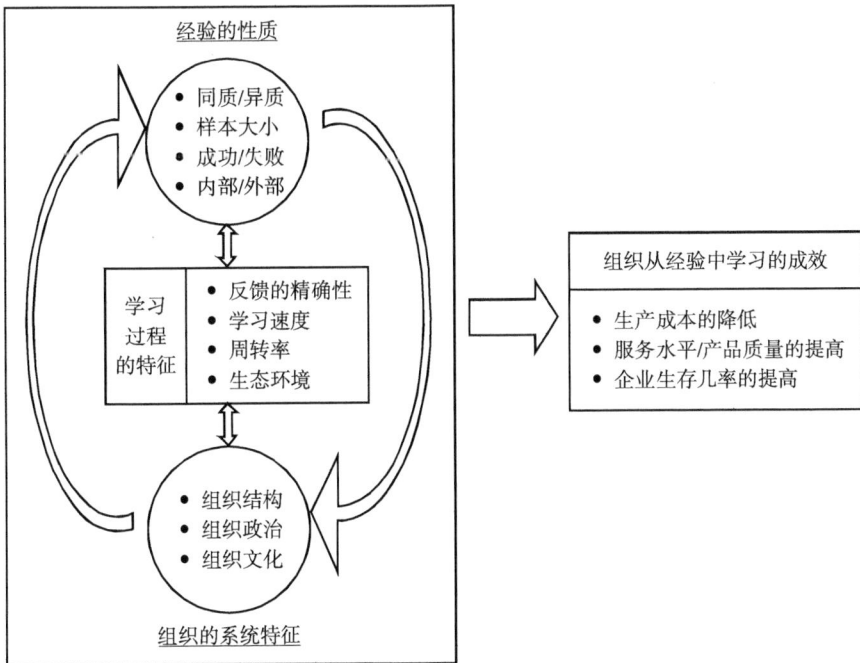

图 2.6　组织从经验中学习影响因素的整合系统

资料来源：陈国权和宁南（2009）。

陈国权和宁南（2009）在对国内外组织从经验中学习研究回顾的基础上，提出了组织从经验中学习影响因素的整合系统（图2.6），认为组织从经验中学习是指组织通过收集积累、分析和运用经验，努力改变或重新设计自身以适应不断变化的内外环境，从而保持可持续竞争优势的过程[56]。在该系统模型中，影响组织从经验中学习的因素包括：①经验的性质；②学习过程的特征；③组织的系统特征。其中经验的性质包括：同质或异质、样本大小、成功或失败、内部或外部；过程的特征包括：反馈的精确性、学习速度、周转率以及生态环境；组织的系统特征包括：组织结构、组织政治以及组织文化。组织从经验中学习的成效可以用生产成本的降低、服务水平或产品质量的提高以及企业生存几率的提高来表示。三方面的影响因素可以看作组织从经验中学习的"主语"（组织特征）、"谓语"（学习过程的特征）和"宾语"（经验本身的特征），这三个方面的因素都将对组织从经验中学习的成效产生影响。

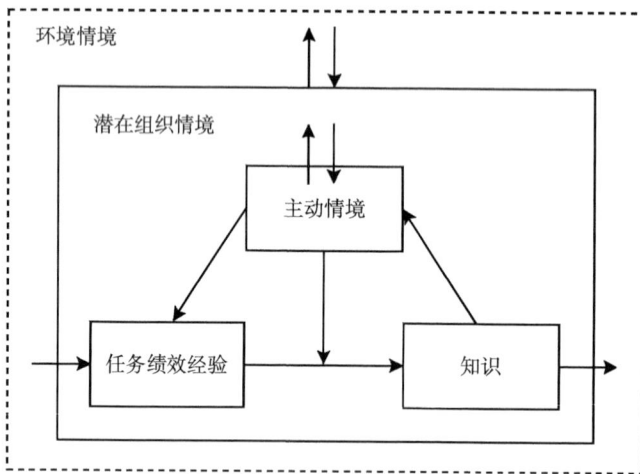

图2.7　组织学习过程模型

资料来源：Argote 和 Miron-Spektor（2011）。

Argote 和 Miron-Spektor（2011）也提出了组织学习过程模型（图2.7），认为组织学习是一个起始于经验的循环过程[31]。经验会转化成知识，知识进而改变情境，而情境又会影响未来任务的经验获取。其中，经验产生于组织所从事的工作任务之中，可以用组织所从事任务的累积数量来衡量。如，手术团队的经验可以用已完成手术的总数来衡量，设计团队的经验可以用已设计产品和服务的数量来衡量。情境分为环境情境和组织情境。环境情境（Environmental Context）是指组织边界之外的影响因素，如竞争对手、客户、制度（Institution）和监管部门（Regulator）等。环境情境会影响组织经验的获取，例如产品订单和服务请求从外界环境进入组织。组织情境（Organizational Context）是指组织自身的一些特征，如组织结构、文化、技术、识别、记忆、目标、激励和战略等。组织情境也包括组织与其他组织建立的关系，如联盟、合资和协会等。组织情境又被分为主动情境（Active Context）和潜在情境（Latent Context）。主动情境是学习发生的场所，包括成员、工具和任务等组织基本要素。潜在情境包括认同、信任、心理安全、文化等，其通过影响主动情境而影响组织学习，如组织包括哪些成员，组织使用哪些工具，组织从事哪些任务。组织学习的结果是获得知识。知识产生于经验和情境的互动过程中。知识不但可以嵌入成员、工具和任务等主动情境，也可以嵌入潜在情境，如组织文化。同时，组织知识也可嵌入产品和服务流出组织进入环境情境。

从任务经验到知识的连线表示知识创造和知识转移。知识创造（Creation）是工作单位（Unit）从自身直接经验中获得知识。知识转移（Transfer）是工作单位从另外一个工作单位的经验中获得知识。从知识到主动情境的曲线表示知识存储。知识存储（Retention）是知识在组织中的知识载体中留存的过程。从主动情境到任务经验的曲线表示经验搜索（Search）。成员、工具和任务等因素会影响经验搜索的方式和类别，但这种影响不限于搜索。

2.2 组织经验的分类

将经验进行细致分类对组织从经验中学习研究具有重要意义。Argote 和 Todorova（2007）提出了可以根据来源维度、内容维度、时间维度和空间维度对经验进行细分[62]。本书在此基础上进行丰富和扩展，得到如表 2.1 所示的分类模式。

经验的来源维度主要是指直接经验和间接经验；经验的内容维度包括任务经验和成员经验、专业化经验和多样化经验、成功经验和失败经验、模糊经验和清晰经验、新颖经验和重复经验；经验的空间维度是指组织经验的来源在地域上集中还是地域上分隔；经验的时间维度包括干前学、干中学和干后学、从连续事件中获得的经验和从偶发事件中获得的经验。

表 2.1　经验的分类

来源维度	直接/间接
内容维度	任务/成员、专业化/多样化、成功/失败、模糊/清晰、新颖/重复
空间维度	地域集中/地域分隔
时间维度	干前学/干中学/干后学、连续/偶发

2.2.1 经验的来源维度

经验的来源维度是指经验来源是本组织还是其他组织[42]。来自组织自身的经验被称为直接经验（Direct Experience），来自其他组织的经验被称为间接经验（Indirect Experience）。与组织从自身的经验中学习相类似的概念是干中学（Learning by Doing），与组织从其他组织的经验中学习相类似的概念是代理学习（Vicarious Learning）和知识转移（Knowledge Transfer）。经验的来源维度是对经验进行细分的基本维度，其可以同经验的其他维度相交叉[63]。

Levitt 和 March（1988）提出组织的直接经验能够通过两种机制影响组织的流程（Routine）和信念（Belief）：试错法（Trial-and-Error Experimentation）和组织搜索（Organizational Search）。

经验不是凭空产生的，而是通过积累获得的。研究表明，直接经验和间接经验的累积都能够提高组织绩效，如质量或生产率[34,64]。但是，直接经验和间接经验对于组织学习的影响是存在差异的。例如，某企业可以直接应用其他企业开发的新技术（运用间接经验），但是却可能并不了解技术研发过程中产生的诸多隐性知识（形成直接经验）。Gino（2010）在群体层面开展的研究表明，之前获取的经验类型（直接任务经验和间接任务经验）能够影响群体中交互记忆系统的建立，从而影响群体的创造性[65]。

2.2.2　经验的内容维度

在经验的内容维度上，经验可以划分为任务经验和成员经验、专业化经验和多样化经验、成功经验和失败经验、模糊经验和清晰经验、新颖经验和重复经验等类型。

（1）任务经验和成员经验。Kim（1997）研究了群体的初始经验（任务经验和成员经验）对群体成员讨论过程关注点的影响，实验结果表明：与只有任务经验或成员经验的群体以及既没有任务经验又没有成员经验的群体相比，初始条件为既具有任务经验又具有成员经验的群体，倾向讨论共有（Common）信息而非独特（Uniquely）信息的趋势最强，最终导致任务绩效最低[66]。实地研究（Field Study）中的成员经验多体现在个人的知识结构和专业背景上。Taylor 和 Greve（2006）以美国 1972~1996 年出版的漫画书及相应的出版团队为样本研究了创新和学习过程与实现商业价值之间的关系，结果表明：团队人数越多，团队成员所属的流派越多，团队成员共事经验越丰富，越能增加创新行为的商业价值方差。同时，与团队相比，个人整合多方面知识的能力越高[67]。

（2）专业化（Specialized）经验和多样化（Diversified）经验。专业化意味着个人在一定时间内重复完成相同或相似的任务，这有助于加深个人对工作任务的理解。多样化意味着个人在一定时间内在不同任务之间轮换，这有助于扩大个人知识的幅度，增加个人评价和利用外部知识的能力[68]。由具有多样化经验的个人组成的组织以及由具有不同领域专业化经验的个人组成的组织则在组织层面表现出经验的多样化。从知识分享的视角来看，组织成员个人经验的多样化一方面能够提高组织成员的知识分享意愿，另一方面又能提高组织成员对于他人所分享知识的识别能力。从创造新知识的视角来看，多样化的经验虽然能通过增加潜在搜索路径和知识整合提高创造力，但之前的经验也会限制创造性思维，只采用熟悉的策略和直觉解决问题。

多样化经验又可以分为与核心任务相关的经验和与核心任务无关的经验。Schilling 等（2003）通过实验研究表明，在一段时期内，与仅从事单一核心工作任务或交替从事核心任务与无关任务（与核心任务无明显关系）相比，群体交替从事核心任务和相关任务（与核心任务相似但又有所不同）会取得更高的学习速率。由于任务上存在相关性，学习者会触类旁通并且举一反三，也就是说在过去某个工作任务中形成的思维模式和解决方案可在一定程度上应用到新任务中，在提高新任务效率的同时又加深了对原有工作任务的认识。也就是说，相互关联且富于变化的工作任务会促进学习者加深对工作任务的理解和思考，形成更加完整的认知结构和更加抽象复杂的知识结构[69]。

（3）成功经验和失败经验。人们对组织绩效会有一个预期水平，其表示人们对组织绩效所能接受的最低标准。根据此预期水平，组织绩效被分为成功和失败两种。根据 Cyert 和 March（1963）提出的公司行为理论（Behavioral Theory of the Firm），组织决策者对于成功和失败的反应是不同的[70]。组织决策者认为成功经验表示组织已有的知识能够正确地反映客观世界，因此对组织知识进行更加深入的开发是没有必要的。一方面，之前的成功使组织决策者忽视了很多外在信息，简化了决策的过程；另一方面，之前的成功使组织决策者盲目自信，高估了组织已有知识的适应性。虽然成功的经验并未完全终止组织成员获取新信息，但会缩小知识的搜寻范围，使组织仅仅关注与已有知识密切相关的信息。这种近距搜索（Local Search）会使组织成员倾向于对现有知识进行提炼和归纳，但很少对现有知识进行质疑和更正。因此，成功经验使组织知识保持稳定，使组织安于现状。

与成功的经验不同，失败经验更容易改变组织知识。失败经验预示着现有的模式已经不能准确反映客观世界，迫使组织放弃现有模式而寻求新模式，促使组织决策者进行深入思考。失败经验会造成一种紧迫感，使组织决策者感到缺乏其他的组织搜索途径。在这种条件下，一方面组织成员具有较强的意愿来修正已有知识中的错误，另一方面组织也更容易采用新的多样化的想法。此外，失败经验不但能够表示组织知识存在问题，而且能够更加清晰和具体地表示出问题出在何处。也就是说，失败经验给组织提供了之后采取补救行动的路线图（Roadmap）。

因此，一般来说，与成功经验相比，失败经验更能促进组织从经验中学习，具体体现在：失败经验能够增加组织成员改变知识的动机、拓宽组织搜寻知识的范围、提高组织将经验转化成知识的能力。

（4）模糊（Ambiguous）经验和清晰（Clear）经验。此处的模糊与清晰是指原因和结果之间的关系。模糊的经验使从经验到知识的转化过程相对困难，从而最终影响组织绩效。Bohn（1995）以半导体生产企业为样本研究了流程变化（Variability）的程度对流程改进效率的影响，结果表明流程变化的程度越高，实验与改进过程中的噪声（noise）越大，组织获得的经验越模糊，最终导致流程改进效率越低[71]。

Repenning 和 Sterman（2002）提出，做出决策和收到反馈之间的时间间隔会影响绩效的改进。决策和反馈之间的时间间隔越短，获得的经验越清晰，绩效改进的效果越好。反之，决策和反馈之间的时间间隔越长，获得的经验越模糊，对经验的解释也更加困难，绩效改进的效果越差[72]。Zhao 和 Chen（2011）在研究多重任务环境中交互记忆系统的作用机制时提出，工作任务的依赖性（Interdependence）、动态性（Dynamics）和内隐性（Implicitness）均会影响群体成员对于各自业务专长的识别和信任，进而影响群体从工作任务中获取经验，最终影响群体的任务绩效[73]。

（5）新颖（Novel）经验和重复（Routine）经验。虽然 James March 不是第一个提出探索式学习（Exploration）和利用式学习（Exploitation）两者之间辩证关系的学者，但却是他在 1991 年发表的文章使管理学界开始重视这一基础议题[74]。Levinthal 和 March（1993）将探索式学习定义为追求新知识，将利用式学习定义为应用和开发已知事物[75]。与探索式学习相类似的概念包括：搜寻、变化、承担风险、实验、灵活性、发现以及创新。与利用式学习相类似的概念包括：提炼、甄选、生产、效率、实施以及执行。因此，探索式学习与追求新颖性（Novelty）相关联，利用式学习则表示新颖性低的例行的行为[76]。

March（1991）认为，探索式学习取得回报的均值要小于利用式学习，因为探索行为失败的可能性较高。而探索式学习取得回报的方差要大于利用式学习，就个别学习行为来说，探索式学习的回报高于利用式学习是可能发生的[74]。也就是说，虽然利用式学习能带来确定并且快速的回报，但其降低了发现更优解决方案的可能性而使长期利益受到损害。虽然探索式学习可能发现潜在的全新解决方案，但其也会导致短期绩效的降低，因为在搜寻新方案的过程中不可避免地要犯错误[77]。维持探索式学习和利用式学习这两种组织学习方式之间的平衡对于组织的生存和发展至关重要。因此，新颖性与绩效之间的关系是一个倒 U 形。当新颖性处于适中水平时,组织的绩效水平最高[76]。

在 March 及其同事所做研究的基础上,Katila 和 Ahuja(2002)研究了组织搜寻问题解决方案的方式对新产品研发能力的影响[78]。她们提出可以根据搜寻深度(Search Depth)和搜寻幅度(Search Scope)两个维度对组织搜寻问题解决方案的方式进行划分。搜寻深度表示组织使用已有知识的深度,在这一过程中组织获得重复性的经验。搜寻幅度表示组织探索新知识的幅度,在这一过程中组织获得全新的经验。虽然 Katila 和 Ahuja 并未在文章中明确提出,但从她们开始,学者们更倾向于将利用式学习和探索式学习视为两个相互正交的维度(Orthogonal Dimensions),而仅在某些特殊情境中(如存在资源限制)才表现为连续光谱(Continuous Spectrum)的两端。两者兼顾(Ambidexterity)不再是探索式学习和利用式学习之间的零和博弈,而成为成功组织的显著特征[79~81]。

在此基础上,Rosenkopf 和 Mcgrath(2011)提出新颖性是一个多维度的概念,新颖性不应仅仅限于通过探索式学习和利用式学习来获得。新颖性的实现由组织活动的机制(Mechanism)和情境(Context)两方面因素决定。机制指组织获取新经验的过程和方式,其包括内部研发、人员流动、兼并收购和企业联盟等与学习及创新相关的组织活动。情境是指实现新颖性的条件,包括技术情境和社会情境[76]。March(2011)阐述了新颖性在组织中产生、存留和消失等过程,提出适应性(Adaptation)是新颖性的最大障碍[5]。无论是低智能型的复制成功式学习,还是高智能型的从构建的故事和模型中学习,组织的适应性过程均会在一定程度上损失新颖性。虽然绝大多数新颖性活动会给组织带来负面影响,但正是这些新颖性活动为组织变革提供了可能性,失败的组织适应性过程多数是由于缺乏新颖的想法和行为。因此,在一定程度上持续产生新颖独到的想法和行为能够使组织在较长的时期内适应环境变化,实现基业长青。

2.2.3 经验的空间维度

经验的空间维度 (Spatial Dimension) 是指组织经验的来源在地域上集中 (Geographically Concentrated) 还是地域上分隔 (Geographically Dispersed)。Cummings (2004) 研究了工作群体的结构多样性对群体外部知识经验分享的影响[82]。结构多样性的一种表现形式是群体成员工作地域上的多样性。虽然群体成员分别处于不同的地理位置，但是彼此能够通过现代化通信技术协调完成工作任务。群体成员分处不同的环境，接收不同的信息，与不同的人见面交流，具有不同的外部社会网络，这种差异化的经验来源会增强群体外部知识分享与群体绩效之间的关系。

Gibson 和 Gibbs (2006) 研究了虚拟团队特征与团队创新之间的关系[83]。虚拟团队特征之一是团队成员分处不同的地域 (Geographic Dispersion)。Gibson 和 Gibbs 的实证结果表明：高度的地理分隔会阻碍外部交流、资源支持以及创新速率，从而最终影响团队创新。同时，心理安全交流氛围 (Psychologically Safe Communication Climate) 会调节地理分隔与团队创新之间的负向关系，心理安全交流氛围越高，地理分隔与团队创新之间的负向关系越弱。

2.2.4 经验的时间维度

经验的时间维度 (Temporal Dimension) 是指获取经验与从事工作任务的时间先后顺序以及经验获取的频率。根据经验与事件的先后顺序，组织从经验中学习的过程可以分为 3 种：干中学、干前学和干后学。

组织学习是一个由实际绩效与潜在绩效之间的差距所激发的问题解决过程[84]。由于大量证据表明，生产经验积累和生产绩效之间存在显著的正向关系，"干中学" (Learning-by-Doing) 成为组织学习早期研究中的重要方面。干中学这一概念的基本含义是，组织只有亲历生产过程才能发现导致实际绩效与潜在绩效间差异的具体原因从而不断改进。

但在实际组织中，经验的获取过程也并非完全不可替代。虽然不可能一次做到最好，但组织通常会在实际生产开始之前预见到一些可能发生的问题并且尝试解决，这就是"干前学"（Learning-before-Doing）。Pisano（1994）的研究表明，干中学和干前学均能通过促进流程改进而使项目获得成功[85]。Carrillo 和 Gaimon（2000）提出，干前学（如事先准备和培训）是主动创造知识的过程，而实施过程中的流程改变是被动创造知识，是干中学的副产品[86]。

事后评论（After-Event Reviews）和反事实思考（Counterfactual Thinking）则是任务绩效实现之后发生的学习行为，即"干后学"（Learning-after-Doing）。Ellis 和 Davidi（2005）认为，事后评论是组织学习过程中的一部分，它使学习者有机会对学习行为进行系统分析，并评价其对绩效结果的贡献[87]。事后评论对从经验中学习的作用体现在 3 个方面：自我解释（Self-Explanation），即学习者主动收集、分析和集成数据的过程；数据验证（Data Verification），即学习者用当前信息验证原有心智模式的过程；反馈（Feedback），即学习者获得外部的权威信息以发现预想和现实差距的过程。Roese 和 Olson（1995）将反事实思考定义为根据想象中（Might Have Been）的情形对之前已经发生的结果进行重新建构的过程[88]。在此基础上，Morris 和 Moore（2000）提出，与向下（Downward）的反事实思考（想象如何在今后避免发生更坏的结果）相比，向上（Upward）的反事实思考（想象如何才能使过去发生的结果变得更好）更能促进组织学习[89]。

此外，从获取频率上还可将经验分为从连续事件中获得的经验和从偶发事件中获得的经验。从连续事件中学习经验研究的代表是学习曲线（Learning Curve），主要关注学习主体如何从日常生产经验中更有效率地学习和改进。而从偶发事件中学习经验是指从不经常发生但却会给企业造成较大影响的事件中获得的经验。因为与本书关系密切，下两节将详细回顾组织从连续事件中学习经验和组织从偶发事件中学习经验。

2.3　组织从连续事件经验中学习

本节中连续性与非连续性的划分依据主要是指事件发生的频率，即学习主体获取经验的频率。当经验的获取具有连续性，即经验与经验之间的时间间隔很短，或者可以短到忽略不计，则认为学习者开展从连续经验中学习。

组织从连续经验中学习的相关研究中最具代表性的是学习曲线。学习曲线（Learning Curve）也被称为经验曲线（Experience Curve），最早应用于美国航空工业[90]。自从 Wright（1936）发现飞机生产中单位产品的成本会随着经验（或累计产量）的增加而下降，学习曲线研究已经成为心理学、经济学、生产运作管理、组织管理等诸多领域的研究主题。

学习曲线研究关注学习主体如何从经验中更有效率地学习和改进（如成本降低、产量提高、效率提高）。学习速率是企业竞争优势的重要来源，这体现在如下几方面：①各行业知识容量的增长速度十分迅猛，为了保持竞争优势，企业必须快速将新的技术或服务投入实际应用；②产品的生命周期在不断缩短，企业必须用更短的时间来完成从设计到投入市场的全过程；③新的想法或技术越来越复杂，企业需要快速准确地掌握并应用；④各企业间的绩效存在差异，使落后的企业必须学得更快才有可能赶超领先企业[91]。因此，组织具有较高的动机来提高学习速率。然而不同组织之间学习曲线的差异表明学习速率会受到某些组织特异性因素的影响[92]。之后的学习曲线研究开展的主线就是寻找能够解释不同学习主体学习效率差异的原因，以及学习曲线背后所体现的组织学习过程差异，以帮助组织更快更好地开展组织学习，更好地适应快速变化的环境。

2.3.1　学习曲线的基本模型

学习曲线具有幂形式模型和指数形式模型两种基本模型。

（1）幂形式模型。组织学习曲线研究中最早获得应用的是幂形式模型（Power Form）：

$$c_q = c_1 q^{-b}$$

在幂形式模型中，c_q 表示组织在生产第 q 个产品时的单位成本，c_1 表示组织在生产第一个产品时的单位成本，b 表示学习速率（Learning Rate）。Wright（1936）在研究飞机生产时首次提出幂形式模型，用以刻画生产每个飞机机身所需直接劳动时间的降低趋势[90]。尽管幂形式模型存在一定的缺陷，但其是学习曲线研究中应用最为广泛的模型，本书之后回顾的大部分文章都是基于这一模型开展的。

（2）指数形式模型。在幂形式模型的替代性模型中，Levy（1965）提出的指数形式模型（Exponential Form）同样获得较广泛的应用[93]：

$$dQ(q)/dq = \mu[P - Q(q)]$$

Levy 基于的假设是，生产率的增长率与过程的改进量是成比例的。由此，在上述模型中，P 表示组织理论上能够实现的最大生产率，$Q(q)$ 表示组织在生产了第 q 个产品后实现的生产率（$Q(q) < P$），μ 表示学习速率。求解上述微分方程可以得到学习曲线的指数形式模型：

$$Q(q) = P[1 - e^{-(a+\mu q)}]$$

其中，a 表示组织过程的初始效率。学习速率 μ 则由一组变量 y_1，$\cdots$，y_n 表征，其含义是组织可以通过之前的培训和经验使生产率 $Q(q)$ 接近理想水平 P：

$$\mu = \beta_0 \sum_{i=1}^{n} \beta_i y_i$$

2.3.2 学习速率差异的检验

学习曲线领域的早期研究认为，同时开始相同生产实践的不同企业应具有相似的学习曲线（同等数量的经验导致近似的斜率）[90,94]。随后的研究发现，即使是同时开始相同生产实践的不同企业具有不同的学习曲线（同等数量的经验导致不同的学习速率）。

（1）来自制造业的证据。学习曲线的幂形式模型中的学习速率 b 可以表示为进步速率（Progress Ratio）$p = 2^{-b}$。进步速率的含义是，每当生产数量翻倍，新单位成本是原有单位成本的 p 倍。例如，如果进步速率是 60%，生产数量每增加一倍，则生产成本降低 100%−60%= 40%。Dutton 和 Thomas（1984）将 50 年间发表的 108 篇学习曲线研究中的进步速率进行对比研究，所涉及的行业包括电子、机床、电子数据系统部件、造纸、航空、钢铁、服装、汽车等。结果表明，过程速率不仅在行业、产品和过程等方面有很大差异，而且在同一企业同一产品上同样差异明显。在全部 108 篇研究中，有 107 篇表明生产成本会随生产数量的增加而降低。进步速率的众数为 81%~82%，进步速率的最高值为 55%，即学习曲线最陡[91,95]。

学习速率的差异也反映在采用其他绩效测量方式的学习曲线研究中。例如，Adler（1990）以一个计算机零部件制造企业的 8 个生产部门为样本研究发现生产数量的积累会提高全要素生产率（Total Factor Productivity），各部门学习曲线的斜率差异很大，最快的学习速率是最慢学习速率的两倍还多[96]。Argote 等（1990）对第二次世界大战期间美国造船企业的生产数据进行分析，发现每个造船厂的生产效率提高速率之间存在显著差异[97]。Epple 等（1996）研究了一家汽车组装企业从一班倒变为两班倒后劳动生产率的变化，结果表明，白班组保持了与之前几乎相同的学习速率，但夜班组几乎没有任何学习发生[98]。Hatch 和 Dyer（2004）以 16 家半导体企业的 30 个生产流程为样本研究了人力资本对缺陷密度（Defect Density）的影响，结果同样表明缺陷降低曲线的斜率差异很大[99]。

（2）来自服务业的证据。大量研究表明，服务业同样存在与制造业相类似的学习曲线，即组织的服务绩效会随着经验的累积而提高。Darr 等（1995）首次在服务行业应用学习曲线进行研究，根据美国某品牌的 36 家比萨饼零售店在一年半左右时间内每周的生产和销售数据，发现随生产经验的积累单位成本显著下降，但是不同零售店之间的差异很大。整个样本的进步速率 p = 92.9%，低于制造业进步速率的众数 80%[100]。Van Biema 和 Greenwald（1997）的研究表明，保险行业中最高绩效者的劳动生产率是最低绩效者的 3 倍。与之类似，来自贝尔电话公司（Bell Telephone Company）下属的多个地区性公司的数据表明，最高绩效者的单位成本比最低绩效者低 50%。此外，虽然所有的地区性公司都在学习如何降低单位成本，但有些公司的单位成本反而增加了[101]。Lapré 和 Tsikriktsis（2006）发现，不同航空公司客户投诉率随时间降低的学习曲线之间有很大差异[102]。与之相似，Wiersma（2007）发现荷兰皇家邮政 27 个地区部门的学习曲线之间同样表现出很大差异[103]。

2.3.3　学习速率的影响因素

来自制造业和服务业的大量研究均表明学习曲线及其所反映的学习速率在不同学习主体之间具有很大差异。随着研究的深入，学者们已经不满足于验证学习曲线的差异，而转入对造成学习速率差异原因的探索。

（1）组织层面的影响因素。Lapré 和 Nembhard（2011）系统地回顾了组织层面影响学习曲线的因素并将这些因素分为学习过程、任务特征和组织特征 3 个大的类别[91]。

如表 2.2 所示，组织学习过程包括自发性学习和诱导性学习。根据

Dutton 和 Thomas（1984）给出的定义[95]，自发性学习（Autonomous Learning）是指组织在长期的持续生产过程中自然发生的学习与改进，其实质是一个被动的经验积累过程。诱导性学习（Induced Learning）是指组织有意识地投入资源以获得当前运营条件下所不具有的知识或能力，其实质是主动的刻意性学习（Deliberate Learning）过程。在自发性学习中，学习速率和成效差异的重要决定因素是经验的类别，具体包括：经验的专门化与多样化、成功经验或失败经验以及学习主体差异（个人、团队或组织）。在诱导性学习中，学习活动类型能够解释学习速率差异。概念性学习（Conceptual Learning）是指领会原因和结果之间关系的过程，即知道为什么（Know–Why）。操作性学习（Operational Learning）是指明确行为和结果之间联系的过程，即知道如何做（Know–How）。此外，诱导性学习活动只有在适当的组织情境中才能发挥作用。情境条件的常用划分是"5W"，即人物（Who）、事件（What）、地点（Where）、时间（When）和原因（Why）。任务特征包括隐性（Tacitness）、复杂性（Complexity）、可证实性（Provenness）、可观测性（Observability）以及系统相关性（System Dependent）。组织特征包括组织设计/结构（Design/Structure）、人员构成（Staffing Configuration）、能力（Capacity）和激励（Incentive）。

表 2.2　组织学习曲线差异来源

学习过程		任务特征	组织特征
自发性学习通过积累经验	诱导性学习通过刻意式学习活动		
专门化/多样化　成功/失败　个人/团队/组织	活动类型：　概念性/操作性　为什么/如何做　情境条件：　人物　事件　地点　时间　原因	知识特性：　隐性　复杂性　可证实性　可观测性　系统相关性	组织设计/结构　人员构成　能力：　资源能力（时间）　认知能力（吸收）　激励/预期

资料来源：Lapré 和 Nembhard（2011）。

（2）群体层面的影响因素。学习曲线是一个多层面的研究集合，其在个体层面、群体层面以及组织层面均取得了丰硕的研究成果。虽然研究个人学习的心理学学者们已将学习曲线在个人层面进行了广泛应用，但研究组织学习的管理学学者们对于学习曲线的应用主要集中在群体层面和组织层面。因为群体学习为组织学习的研究提供了一个微观的表现形式，很多在组织发生的学习行为在群体层面同样如此[51,104]，所以下文将对在群体层面造成学习曲线差异的因素进行回顾，以希望对表 2.2 中所列举的组织层面影响因素进行补充和扩展。

Adler（1990）在对 1 家电子生产企业下属 3 家工厂的生产数据研究中将学习曲线差异的原因归结为知识分享（Knowledge Sharing），具体包括：①设计部门和生产部门间的经验分享；②先期建立的工厂和之后建立的工厂之间学习转移；③工厂建立之后相互之间的持续合作[96]。Adler 的贡献在于首次从组织内部的团队协作来解释学习速率差异，使学者们开始关注群体层次的学习曲线研究[105]。

Argote 等（1995）通过实验研究了员工流动（Turnover）和任务复杂性（Task Complexity）对群体学习成效的影响。6 个实验周期的结果表明：群体层面同样存在与组织层面相类似的学习曲线，群体成员流动和复杂任务均会降低群体经验积累对绩效提高的积极作用[106]。Argote 等的贡献在于应用实验来研究学习曲线，从而获得了无法从客观数据上得到的结论。

Darr 等（1995）在对 36 家比萨饼零售店在一年半左右时间内每周的生产和销售数据的研究中发现，隶属同一特许经销商的加盟店之间可以通过经验学习来实现知识转移，而隶属不同特许经销商的加盟店之间不能实现基于经验的知识转移。Darr 等认为隶属同一特许经销商的加盟店之间与隶属不同特许经销商的加盟店之间沟通效果上的差异很可能是造成经验学习速率不同的原因[100]。Darr 等的贡献在于发现经验知识会快速折损（Depreciation），并且探讨了不同学习主体之间知识转移的影响因素。

Lapré 等（2000）对比利时的一家钢丝制造厂 10 年内开展的全部 62 个全面质量管理（Total Quality Management）项目的学习过程进行编码和因子分析，结果显示学习过程可以分为概念性学习和操作性学习两个维度，只有同时开展概念性学习和操作性学习才能促进学习速率的改进以及知识的转播[107]。Lapré 等的贡献在于将群体学习和知识获取过程引入了学习曲线研究，而不再仅仅关注学习所产生的绩效结果上的改进。

Pisano 等（2001）分析了 16 个外科手术团队开始实施某项新型心脏手术（Minimally Invasive Cardiac Surgery）时表现出的效率改进数据，结果显示不同手术团队所表现出的效率改进差异很大。也就是说，在相同的经验水平下，不同群体表现出不同的学习曲线。他们认为，群体表现出来的绩效改进不仅来自经验积累，而且与群体学习过程有关。正是群体对于学习过程管理上的差异使群体在相同经验基础上表现出不同的学习效率。他们随后分析了两个团队的学习过程案例来印证上述结论[92]。Pisano 等的贡献在于强调了学习过程的重要性。虽然一定数量的经验积累是必要的，但经验积累并不能确保绩效改进。只有群体形成获取知识和实施学习的机制，并且以此为基础表现出学习能力，才能将经验转化为竞争优势。

Edmondson 等（2003）根据美国 15 家医院的手术团队开展某新型心脏手术（Minimally Invasive Cardiac Surgery）的数据提出，手术数量的积累会使团队在两个维度上获得改进：效率（Efficiency）和使用幅度（Breadth of Use）。效率是指完成手术所需时间，反映团队内部的沟通、信任和协调，即隐性知识（Tacit Knowledge）范畴；使用幅度是指手术过程中嫁接血管的数量，团队在获知增加嫁接数量的可行性和安全性后即可将已有流程由简单推广到复杂，即显性知识（Codified Knowledge）范畴。在此基础上，Edmondson 等证明：与依靠显性知识获得绩效改进相比，依靠隐性知识积累而获得绩效改进在各群体之间变化差异较大；群体成员低流动性（Group Membership Stability）有助于提高依靠隐性知识而获得的绩效改进；对于依靠显性知识的绩效改进，相对较晚开始实施的群体具有明显的后发优势[108]。Edmondson 等的贡献在于将知识管理的相关内容与学习曲线研究相结合，从而区分了显性知识和隐性知识对于群体学习曲线的不同影响。

Schilling 等（2003）提出专业化分工（Specialization）并不一定就能提高学习速率[69]。通过 30 个 3 人团队与计算机对弈棋牌游戏 10 个小时的实验设计，Schilling 等发现交替从事核心任务和相关任务（与核心任务具有某些相似性但又存在差异）时核心任务的学习速率显著高于仅从事核心任务和交替从事核心任务和无关任务（与核心任务的相似性较低）。Schilling 等的贡献在于开始关注群体所从事的工作任务特征对于学习的影响。

（3）多层面因素的协同影响。近期发表的相关研究已经开始同时考虑个人、群体和组织层面的影响。一方面将经验在 3 个层面进行划分以分析不同层面经验对于学习速率的影响；另一方面将学习速率在 3 个层面进行划分以分析经验的累积对不同层面学习速率的影响。

Reagans 等（2005）首先提出了影响组织从经验中学习速率的 3 个因素：①个人的职业化程度（Proficiency）；②个人受益于组织中其他成员所积累知识的程度；③组织成员协调彼此行动的能力[109]。每个因素都对应不同类别的经验：个人经验积累能够提高个人对于工作任务、流程和实践的熟练程度；组织经验积累能够使组织成员掌握已经建立起来的流程和实践，同时使组织有机会发现更高效的流程和实践。随着组织经验的积累，组织成员可以通过分享获取到他人积累的知识，组织中的个人将有更多机会受益于他人的知识积累；团队共事经验（Experience Working Together）能使个人更加清晰了解谁知道什么（Who Knows What），从而产生更有效率的分工。随着一同工作的经验增加，个人彼此之间更愿意分享知识和信息，增加协调自身所扮演角色的能力。随后，Reagans 等分析了 5 年中在某家医学院培训的手术团队所开展的 1151 例关节置换手术的数据，结果显示不同种类的经验均会对团队绩效改进产生不同程度的影响。Reagans 等的贡献在于提出了不同层次的经验来源对于学习曲线的影响差异和不同影响的作用机制。

　　Boh 等 (2007) 将经验学习方式分为专有经验 (Specialized Experience) 学习和多样化经验 (Diversified Experience) 学习。专有经验指与当前工作任务完全相同的任务系统内积累的经验；多样化经验指与当前工作任务不同 (相关或不相关) 的任务系统中积累的经验。Boh 等对 1 家电信公司的研发团队在 14 年间为某大型项目开发并升级软件的数据进行分析，结果表明两种经验学习方式在个人、团队和组织 3 个不同层级上会产生不同的结果：对于由个人独立完成的升级任务，专有经验对生产率的提升作用最大；对于需要由群体和组织完成的升级任务，相关系统的多样化经验更有助于提升生产率；不相关系统的多样化经验对于全部 3 个层次生产率的影响最弱[68]。Boh 等的贡献在于首次将学习曲线应用于软件开发这种具有定制化特征的知识创新型任务，而不再局限于传统学习曲线研究中所面向的具有机械重复特征的操作型任务。同时，从经验中学习不但可以在个人、团队和组织各个层面开展，而且还会对个人、团队和组织各个层面的生产率产生不同程度的影响。

　　从 2.3 节的综述可以发现，经验的获得与绩效的提升在时间维度上都是连续且一一对应的，学习曲线反映了组织从经验中学习的连续性进程。学习曲线主要解决的是学习主体从经验中学习效率的问题，是在寻找解释不同学习主体之间学习速率差异的原因，即为什么某些组织比另一些组织学得快。导致学习效率的差异可以归结为经验特征、任务特征、组织特征、学习过程以及情境条件 5 个方面。学习曲线研究的优势在于能够根据时间序列上的真实结果数据来对不同学习主体同时开展同一任务的学习成效进行比较研究。但是学习曲线研究也存在很多不足：①学习曲线研究所用的数据多是二手来源，几乎无法获得学习主体在不同时间段的完整信息，因此很难发现造成学习曲线差异的深层原因；②学习曲线研究强调学习结果而对学习过程关注较少，难以对组织学习具有重要意义的沟通、信任、协调等人际因素进行分析；③学习曲线研究难以考虑情境因素对群体学习的影响；④学习曲线研究仅以效率改进来衡量学习结果，即突出强调利用式学习（Exploitation），忽略了群体创新等探索性行为（Exploration），而后者可能对于群体在复杂变化环境中持续生存并获得竞争优势具有更重要的意义。

2.4　组织从偶发事件经验中学习

　　与从连续事件中获得的经验相比，从偶发事件中获得经验的频率更低，但偶发事件的发生通常会造成巨大的影响。虽然偶发事件的影响深远，但相同或相似的偶发事件在一段时间之后会再次发生，这说明从偶发事件中获得的经验并没有真正激发组织的学习行为。在现实中，由于组织学习与变革通常被认为是一个连续的过程，人们往往将偶发事件视为连续过程中的特殊表现，并将其当作统计上的异常值来看待，这样大部分偶发事件及相关经验都被组织忽视了。同时，因缺乏处理偶发事件的有效统计方法和工具，在相当长的一段时间里，虽然组织从连续经验中学习的相关研究不断深入，但组织从偶发事件中学习的相关研究一直处于停滞状态。为推动企业从偶发事件中总结经验以改进后续绩效，组织管理领域的顶级期刊《Organization Science》在 2009 年为此议题设专刊来进行探讨[1]。由此可见，直到最近几年才有部分以组织从偶发事件中学习为研究对象的文章发表在国际顶级期刊上。

　　偶发事件的定义主要来自两个方面：首先，从发生概率来看，偶发事件极少发生。组织区分偶发事件与非偶发事件的一个最直接标准就是事件的发生概率。虽然统计上通常将 5% 作为小概率事件的判别标准，但是企业环境中通常难以找到一个临界数值，因此偶发事件的认定在很大程度上取决于人们的直观感受和经验判断。例如，2011 年我国民航一共发生事故和事故征候共计 235 起[110]。虽然绝对数目并不少，但从全行业来看，每 1 万个飞行小时只有 0.39 次不安全事件。由此，民航事故可以被视为偶发事件；与之类似，Madsen（2009）的研究表明，美国煤矿业 1983~2006 年共发生了 938 起死亡事故。虽然绝对数目不少，但从行业整体来看事故率基本稳定在每千万员工小时两次死亡事故的水平上。对于一个每周工作 40 小时，每年工作 52 周的工人来说，其工作 5000 年才有可能遇到一次死亡事故[3]。由此，煤矿死亡事故可以被视为偶发事件。需要补充说明的是，偶发事件是一个相对的概念。观察者或参与者角色不同，则其对偶发事件的定义会有很大差异。同样的事件，对于一个组织来说是偶发事件，但对于另一组织来说则有可能是司空见惯的。例如，对于一个生产制造企业来说，企业上市行为是偶发事件，但对于从事首次公开募股（IPO）业务的投资银行或证券公司来说，企业上市则是寻常事件了。

很多学者的研究均是从概率估计的角度对偶发事件进行定义的。例如，Madsen（2009）将组织从偶发事件中学习定义为降低组织在今后经历灾难事故的可能性[3]。与之类似，Rerup（2009）提出组织应分析偶发事件发生的原因并找到防止类似事件再次发生的办法[4]。当然，并非所有的偶发事件都会给组织造成不利影响。Zollo（2009）的研究中将企业并购视为偶发事件，组织从之前发生的并购事件中学习的目的是提高今后并购的成功率[111]。因此，组织从偶发事件中学习的目的是改变组织今后经历类似偶发事件的可能性。同时，这种可能性估计也影响了组织从偶发事件中学习的动机。如果组织认为偶发事件在今后很可能再次发生，则会积极调查偶发事件的因果关系，努力从偶发事件中汲取经验。如果组织认为偶发事件在今后发生的概率很低，则很可能将其视为小概率事件，缺乏从中获取经验的动力。

其次，从影响程度来看，偶发事件影响深远。对于挑战者号航天飞机爆炸、世贸中心遭袭、安然公司倒闭、美国次贷危机等偶发事件来说，其影响是显而易见的。2011 年发生的"7·23"甬温线特大铁路交通事故不但造成了重大人员伤亡和财产损失，而且对我国铁路发展建设产生了深远影响。但对于另外一些偶发事件来说，其重大意义需要组织自行发掘。在某种意义上，组织从偶发事件中学习困难的原因是组织无法对这些事件进行合理解释。Beck 和 Plowman（2009）的研究指出，组织从偶发事件中学习的成效取决于组织从多角度对偶发事件进行发掘和解释的能力，以便对偶发事件完整地（Richly）感知和体验（March 等，1991），实现触类旁通、举一反三[112]。Christianson 等（2009）同样指出，组织不但要从偶发事件中学习，还要透过偶发事件看到本质，即搞清楚偶发事件究竟给组织领导、组织文化以及组织流程带来哪些启示，也就是将从偶发事件中学习的过程当作组织对自身的一次重新审视[113]。

虽然已有研究普遍强调偶发事件具有重大影响，但却往往只强调偶发事件影响的绝对性，忽视了偶发事件对于不同组织影响的相对性。也就是说，虽然偶发事件通常会造成较大的社会影响，但是在某一特定的偶发事件发生后，不同组织对其的反应会有较大差异，这是因为此偶发事件与不同组织的相关程度显著不同[1]。如果某一偶发事件与组织的相关程度较高，则组织从此类事件中学习的动机较强，组织将有限的认知资源从日常经营中转移到这些偶发事件上，并从中获取经验教训，以便在今后对类似事件做快速有效的反应；相反，如果某一偶发事件与组织的相关程度较低，则组织从此类事件中学习的动机较弱，更倾向于将其视为小概率事件，不愿花费过多资源来对其进行深入发掘，这导致很多有价值的经验和教训未引起足够重视。因此，偶发事件与组织的相关程度直接决定了组织所采取的学习行为，以及学习行为所取得的学习成效。本书将重点关注偶发事件影响的相对性，通过调整组织对偶发事件与自身相关程度的感知，提高组织从偶发事件中学习的成效。

综合上述两方面观点，偶发事件是指发生概率较低且影响程度较大的不寻常事件。组织从偶发事件中学习是指组织从偶发事件中获取经验和教训，改变组织今后经历类似事件的概率，使组织趋利避害提高绩效水平的过程。

表2.3　组织从偶发事件中学习研究汇总

类型	作者	来源	样本	结论
组织从一般性偶发事件中学习	Haleblian 和 Finkelsktein (1999)	ASQ	企业并购	在经验类别和企业应对策略的共同作用下，企业的并购经验和并购绩效间呈现出 U 形关系
	Beckman 和 Haunschild (2002)	ASQ	企业并购	企业所处网络中其他成员之前并购经验的异质性程度越高，企业的并购行为越成功
	Hayward (2002)	SMJ	企业并购	之前并购行为满足如下特征时会正向影响并购绩效：既有相似之处但又非完全相同、造成了轻微的损失、时间间隔既不太长也不太短
	Haunschild 和 Rhee (2004)	MS	汽车召回	与政府强制回购相比，企业主动采取的回购行为更能降低之后强制回购事件的发生率
	Mayer 和 Argyres (2004)	OS	合作合同	合同中条款的变更反映了两家公司学习如何在一起合作的过程。这种学习是渐进的而非跨越的
	Lavie 和 Miller (2008)	OS	企业联盟	随着联盟组合国际化程度提高，公司财务绩效呈出先降低，再提高，最后再降低的复杂变化趋势
	Zollo (2009)	OS	银行并购	企业管理者主观上认为之前开展的兼并活动越成功，企业之后兼并行为的绩效结果越差
	Zollo 和 Reuer (2010)	OS	企业联盟与企业并购	并购双方的伙伴关系越强，联盟经验与并购绩效之间的正向关系越强
	Vanneste 和 Puranam (2010)	OS	采购合同	之前签订采购合同的经验对于之后合同中技术和法律细节改进的影响
组织从重大偶发事件中学习	Haunschild 和 Sullivan (2002)	ASQ	民航事故	本企业之前发生事故原因的异质性能提高企业从偶发事件中学习的成效
	Baum 和 Dahlin (2007)	OS	铁路事故	组织从自身或其他企业的偶发事件中学习的成效与绩效反馈有关
	Madsen (2009)	OS	煤矿事故	企业通过自身和行业内其他企业获得的事故经验均能有效降低之后的事故率
	Kim (2009)	OS	极端绩效	企业自身的极端绩效经验能够促进企业开展存活强化型学习，从而提高企业的存活概率
	Madsen 和 Desai (2010)	AMJ	运载火箭发射	组织从失败的偶发事件中学习的成效要高于成功的偶发事件
从偶发事件中学习的方法	Christianson 等 (2009)	OS	博物馆坍塌	组织从偶发事件中学习的关键操作惯例和结果

类型	作者	来源	样本	结　论
从偶发事件中学习的方法	Beck 和 Plowman (2009)	OS	无	中层管理者能够在组织从偶发事件学习中发挥重要作用
	Rerup（2009）	OS	公司重组	应用注意力三角分析来分析企业应如何识别潜在威胁以防范可能发生的危机
	Garud 等（2010）	OS	无	事件叙述法在组织从偶发事件中学习的过程中具有重要意义

注：ASQ=Administrative Science Quarterly；SMJ=Strategic Management Journal；MS=Management Science；OS=Organization Science；AMJ= Academy of Management Journal。

从上述对偶发事件的定义出发，本小节将对已有的组织从偶发事件中学习的文章进行回顾，探索偶发事件如何触发组织学习，不同类型的偶发事件如何决定组织学习什么以及如何学习。国内外已有研究中所涉及的偶发事件包括：企业并购[4,111,114-116]、企业联盟[117-119]、汽车召回[120]、重要合同签订[121,122]、濒临倒闭经历[123]、交通事故[124,125]、安全生产事故[3,126]、运载火箭发射[39] 以及建筑物坍塌[113]等。本书从研究对象上将这些文章大致分为 3 类：第一类关注影响组织从偶发事件中学习的因素；第二类研究则关注组织从偶发事件中学习对组织绩效的改进；第三类研究则探讨了组织从偶发事件中学习的过程。详见表 2.3。

2.4.1　影响组织从偶发事件中学习的因素

学者们对影响组织从偶发事件中学习的因素进行了比较深入的探讨。这些影响因素包括：经验异质性（同质性）、前后偶发事件之间的相似性、绩效反馈组织学习的主动性以及偶发事件的成败等。下面将分别对这些印象因素进行综述。

（1）经验异质性。在组织从偶发事件中学习的前因研究中，很大一部分是在探讨偶发事件及其所含经验的异质性，即相似的偶发事件还是不相似的偶发事件能够更好地触发组织学习。异质性（Heterogeneity）

表示一定时期内所获得经验的多样和新颖程度。关于异质性的早期研究普遍认为经验的异质性具有负面效应，原因是异质性增加了识别因果关系之间的复杂程度。然而近年来发表的从偶发事件中学习的研究表明，经验的异质性具有很多积极效应，具体表现在：异质性的经验能避免短视行为（Myopia）、防止自满（Complacency）和简单化（Simplicity），能促进深入思考并挖掘潜在解决方案，同时降低经验冗余 [111]。

Beckman 和 Haunschild （2002） 在研究公司间网络结构对并购结果的影响时发现，与企业相连接的其他企业之前并购经验的异质性程度越高，企业的并购行为越成功。他们认为，异质性程度对企业并购行为成功性的正面影响，主要是由于异质性经验有助于提高决策质量，具体表现在：网络成员多样化的经验为组织提供了富于变化的信息。富于变化意味着事件之间彼此不同，组织能够发现不同的行为会导致何种结果。这一包含了多种行为和结果关系信息的大样本使得组织能够更加准确地推断因果关系；多样化的经验使组织更多地将注意力集中在已有的信息上，从而使组织将不同事件进行比对，增强组织对事件之间的差异进行深入挖掘的动机；信息的多样性能在组织内部引发建设性争论（Constructive Conflict），促进刻意性思考（Deliberation），最终提高组织绩效 [127]。

Haunschild 和 Sullivan （2002） 以 1983~1997 年美国民用航空飞行事故为样本研究了事故原因的异质性程度对组织从错误中学习的影响。他们提出企业自身事故原因的异质性越高（同质性越低）越能降低之后的事故率，主要原因来自以下 3 个方面：异质的事故原因能促进组织进行深入思考，综合分析多方面信息以发现造成事故的潜在因素；异质的事故原因能促使人们在分析原因时更加理性和多元，而不是简单地将错误归因于操作人员的失误；异质的事故原因能激发组织内部产生建设性争论，使组织对事故原因有更加全面深入的理解。以上原因都说明，本企业之前发生事故原因的异质性能提高企业从偶发事件中学习的成效[124]。

（2）事件相似性。偶发事件相似性对学习成效的影响尚不明确。有些研究表明，偶发事件之间的相似性越高，组织从偶发事件中学习成效越好。例如，Haleblian 和 Finkelsktein（1999）在研究企业并购经验对并购绩效的影响时提出，并购经验的有效性取决于并购事件之间的相似程度。相似度越高，组织越容易将过去并购事件中获得的经验应用到新的并购事件中来，并购绩效随之提高。但如果相似度不高，组织将过去并购事件中获得的经验应用到新的并购事件中反而会导致并购绩效下降[128]。

另外一些研究表明，偶发事件之间的相似性处于适中水平有助于提高组织学习成效。例如，Hayward（2002）以 1990~1995 年 6 个行业的 120 家公司发生的 214 起并购为样本研究了之前的并购经验如何影响公司之后的并购行为，结果表明并购事件之间相似性过高或过低均会降低当前并购的绩效：如果之前的并购事件彼此高度相似，管理者会从这些相似的事件中逐渐总结出一套标准化的操纵惯例，以期待类似并购事件再次发生时能够直接套用已有的经验。在被反复验证有效之后，组织会对这些已有经验形成路径依赖，总是寻求能将之前的成功不断复制的并购机会。在这一过程中，组织探索新的并购机会的能力下降。因此，如果之前的并购事件彼此高度相似，并购管理者将会缺乏发现并购机会的通用技能（Generalist Skills）；但是，如果之前的并购事件彼此毫不相关，并购管理者将会缺乏从各种并购事件中获取经验的专用技能（Specialist Skills），这也会降低并购绩效[129]。

（3）绩效反馈。Baum 和 Dahlin（2007）以美国货运铁路企业的运营经验（成功经验）和事故损失（失败经验）为样本的研究表明，组织从自身或其他企业的偶发事件中学习的成效与绩效反馈有关，当企业绩效偏离预期时，其他企业的运营经验和事故经验能有效降低企业自身的事故成本，而当企业绩效符合预期时，企业自身的运营经验和事故经验能有效降低本企业的事故成本[125]。

（4）主动/被动。与在外界压力之下被动开展组织学习相比，组织主动开展从偶发事件中学习的成效更好。Haunschild 和 Rhee（2004）以 1966~1999 年美国 47 家汽车制造商经历的 2287 起回购事件为样本研究自愿意志（Volition）如何影响组织从偶发事件中学习。结果表明，与政府强回购相比，企业主动采取的回购行为更能降低之后强制回购事件的发生率[120]。

（5）成功/失败。已有研究发现组织从带来负面影响的偶发事件中学习的成效要好于从带来正面影响的偶发事件。例如，Madsen 和 Desai（2010）以世界运载火箭发射为样本的研究表明，组织从失败的偶发事件中学习的成效要高于成功的偶发事件，并且从失败中获得的经验的折旧率低于从成功中获得的经验的折旧率，之前积累的经验数量以及之前失败的程度高低均会影响组织从经验中学习的成效；而且，之前偶发事件的成败将对组织从偶发事件中学习的过程及成效产生影响[39]。例如，在问题引出部分的 TCL 海外并购案例中，国内并购的成功使 TCL 的决策者盲目自信，高估了自身的资源整合能力，从而导致海外并购的惨败。这种现象被 Levitt 和 March（1988）称为盲目式学习（Superstitious Learning）[42]。学术研究中也得出了类似的结论。Zollo（2009）以美国银行产业发生的兼并重组事件为样本进行的研究表明，企业管理者主观上认为之前开展的兼并活动越成功，管理者越盲目自信，从而造成企业之后兼并行为的绩效结果越差[111]。此外，国内学者谢玲红等（2011）以我国 1154 家上市公司在 8 年内发生的 3578 次并购事件为样本的研究表明，公司管理者过度自信学习时，连续并购绩效会呈先降后升的趋势[114]。

2.4.2 组织从偶发事件中学习对组织绩效的改进

组织从偶发事件中学习成效的研究主要是在探讨偶发事件的数量积累与绩效改进之间的关系。此方面研究主要得出如下两点结论：一方面，偶发事件的数量积累与绩效改进之间确实存在某种关系。例如，Madsen（2009）以 1983~2006 年美国煤矿行业发生的 938 起致死事故为样本研究了组织的事故经历对之后事故发生概率的影响。结果表明，企业通过自身和行业内其他企业获得的事故经历均能有效降低之后的事故率[3]；Madsen 和 Desai（2010）以世界运载火箭发射为样本的研究表明，组织从失败的偶发事件中学习的成效要高于成功的偶发事件，之前积累的事件数量以及之前失败的程度高低均会影响组织的绩效水平[39]。

另一方面，偶发事件的数量积累与绩效改进之间的关系比较复杂，并不是一个简单的线性关系。例如，Haleblian 和 Finkelsktein（1999）以美国 1980~1992 年发生的 449 起大型并购案为样本研究了企业的并购经验对并购绩效的影响。结果表明，经验相似并且组织沿用经验时会产生正面的绩效结果，经验不相似并且组织沿用经验时会产生负面的绩效结果，经验相似并且组织不沿用经验时会产生中性的绩效结果，经验不相似并且组织不沿用经验时同样也会产生中性的绩效结果。在这些因素的共同作用下，企业的并购经验和并购绩效间呈现出U 形关系[128]。

Lavie 和 Miller（2008）提出联盟组合国际化（Alliance Portfolio Internationalization）这一概念来反映组织所在联盟中合作伙伴的异国属性高低，之后以 1990~2001 年 330 家美国软件公司为样本研究联盟组合国际化对公司财务绩效的影响。结果表明，随着联盟组合国际化程度提高，公司财务绩效呈现出先降低，再提高，最后再降低的复杂变化趋势[130]。

Kim 等（2009）以 1984~1998 年美国全部商业银行为样本研究了企业自身的极端绩效经验（处于行业领先的经历或从濒临倒闭中恢复的经历）对组织学习的影响。结果表明，企业的成功（Success）经验和复原（Recovery）经验均能够促进企业开展存活强化型学习（Survival-Enhancing Learning）。同时他们发现，当组织自身的成功经验或复原经验很少时，开展从经验中学习反而有损于绩效结果。随着经验的增加这一趋势将被反转。也就是说，只有当经验累积到一定水平之后，成功经验和复原经验的增加才能提高企业的存活概率[123]。

造成偶发事件的数量积累与绩效改进之间呈现出非线性复杂关系的原因是，偶发事件中所包含的经验具有稀缺性、模糊性和复杂性的特点，这限制了从小样本偶发事件中学习的有效性，甚至可能危害组织绩效[131]。同时，虽然偶发事件给组织提供了学习契机，但是偶发事件的出现在很大程度上意味着组织的预定计划受到影响，组织从应对偶发事件到重新正常运行需要时间进行调整，由此也会对组织绩效产生影响[132]。

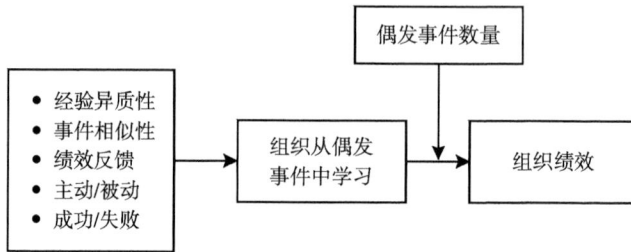

图 2.8 组织从偶发事件中学习前因后果研究结论汇总

综合以上研究结论，我们将组织从偶发事件中学习的前因后果研究结论归结为图 2.8。能够影响组织从偶发事件中学习成效的因素包括经验异质性、事件相似性、绩效反馈、主动或被动、成功或失败。组织从偶发事件中学习能够影响组织的客观绩效。当偶发事件累积数量较少时，组织从偶发事件中学习将导致绩效水平降低。当偶发事件数量积累到一定程度时，组织从偶发事件中学习才能提高组织绩效水平。

2.4.3 组织从偶发事件中学习的过程

根据 Christianson 等（2009）的观点，组织从偶发事件中学习过程可以分为关于偶发事件的学习（Learning About Rare Events）和通过偶

发事件的学习 (Learning Through Rare Events) [113]。

（1）关于偶发事件的学习。关于偶发事件的学习是形成如何对偶发事件进行管理的过程 [1]。开展关于偶发事件学习的组织认为今后有可能再次遇到类似事件，因此十分强调学习结果的改进，以便今后再次遇到此类偶发事件时快速反应并减少损失。从某种程度上来说，关于偶发事件的学习独立于偶发事件，即组织从发生在其他组织的偶发事件中学习，是一种以客观眼光进行的事后思考 (Hindsight)，其着眼点是某类偶发事件，而不是某一两个特定的偶发事件。

在关于偶发事件的学习中，一种引起广泛关注的方法是对已有的偶发事件进行分类。连续性事件和偶发性事件的一个重要区别就体现在能否将事件经验比较容易地归入已有的经验类别中。由于连续性事件出现频率较高，组织已经建立了与之对应的经验类别，因此连续性经验能比较轻易地被归于已有经验类别中。而对于偶发性事件来说，其所对应的经验通常难以归于已有经验类别或者同时跨越多个经验类别。

对偶发事件进行分类有助于从经验到知识的转化，提高组织从偶发事件中学习的成效。首先，将偶发事件归入已清晰定义的类别的过程不但能够形成彼此相似的偶发事件样本，有助于组织归纳总结偶发事件的共性规律；其次，当组织将某一偶发事件归于某一类别时，组织同时能够访问或使用此类别中包括的资源，包括实物资源（如设备、数据库和文档）、工作过程（如分析技术和标准操纵惯例）以及人力资源（如专家、权力和政治影响力）[133,134]；再次，对偶发事件进行分类可使每类经验的应用范围缩小，明确每类经验的边界条件，小范围一方面意味着可能的替代方案比较少，组织容易从全部方案中找到最优解，另一方面也能促进组织成员之间的交流并协调彼此行动 [135,136]；最后，分类能在跨越时间和空间的不同事件之间彼此建立连接，激发组织成员从全新的视角进行思考，对已有的实践方式赋予全新含义，创造出新颖有效的行为方式，防止组织陷入能力陷阱（Competency Traps）[42]。

从操作上看，分类是一个模式识别和匹配的过程[134]。分类的主要依据是对偶发事件相似和差异程度的感知，即分析一个偶发事件与已有类别之间的匹配程度。偶发事件的类别是随事件的积累而动态变化的，当已有类别不能满足实际需要时，新的类别会从已有类别中分裂出来。也就是说，每一类事件虽然是根据相似性汇集到一起的，但每一类别中的事件并非完全相同。每个类别中只有少数典型事件符合这一类别的全部特征，但是大部分事件只符合这一类别的部分特征，根据符合程度高低围绕典型经验呈放射状分布[136]。因此，如果偶发事件越典型，则应用这一类别所对应的知识和资源的实际效果越好。

政府监管部门在关于偶发事件的学习过程中发挥了重要的推动作用。例如，Madsen（2009）介绍了政府部门如何将煤矿事故数据汇集起来，分别归入不同类别，以从中总结经验教训并将其分发给各煤矿企业[3]。Madsen 将组织从同行业其他企业的间接经验中学习的过程称为代理学习（Vicarious Learning）。与之类似，我国民用航空局也会将各航空公司事故调查结果汇总并保存在中国民用航空安全信息网中的国内不安全事件数据库中，共分为鸟击、冲出跑道、气流等 24 个类别，以供各航空公司学习使用[137~139]。

（2）通过偶发事件的学习。与关于偶发事件的学习不同，通过偶发事件的学习并不强调今后再次遇到此类偶发事件时的绩效表现，而是强调对当前偶发事件的深度发掘，即从当前经历的偶发事件中尽可能地吸取经验教训，以发现组织存在的不足并改进提高，即便今后再也不会经历此类偶发事件。因此，偶发事件的发生往往意味着变革的开始。Schein 和 Kommers（1972）就曾提出，组织变革通常起始于某些解冻事件（Unfreezing Events）[140]。这些事件中暴露出的问题意味着组织目标可能无法正常实现，因此组织将原有的均衡状态解冻，进入一个调整时期，从而产生新的实践方式。也就是说，偶发事件能够打破组织原有的战略、制度、流程和文化，迫使组织进行重新思考，从而找到解决问题的办法，以便更好地适应环境。

根据这一观点，Christianson 等（2009）的研究详细展示了美国巴尔的摩铁路博物馆是如何通过对博物馆屋顶坍塌这一特殊事件进行学习来改变组织惯例和组织战略的[113]。具体表现在如下 3 个方面：首先，偶发事件是对现有组织知识的审计（Audit）。事件中暴露的弱点和潜在问题被凸显出来，并成为组织开展学习行为的目标。其次，偶发事件能够强化组织惯例（Routine）。对偶发事件进行解释的过程为组织提供了对惯例进行再造的良好机会，新的惯例能够更快速高效地应对将来的偶发事件。最后，偶发事件重新塑造了组织认同（Identity）。组织从偶发事件中学习，尤其是在回答组织是谁（Who it is）、知道什么（What it Knows）、什么时候发生（When it Sees）以及可做什么（What it Can do）等一系列问题过程中，组织会对自身进行重新定义。

在通过偶发事件的学习中，一种引起广泛关注的方法是对偶发事件的叙述。叙述是当事人对事件的主观描述。不同成员对同一事件的解读可能不同，同一事件给不同成员带来的启示也可能存在差异，所以各个当事者叙述的情节会在一定程度上存在差异，很多版本的情节才能构成一个完整的故事描述。Garud 等（2010）提出了叙述促进组织从偶发事件中学习的过程：在组织情境中，组织成员首先将其所观察到的偶发性事件形成一个临时性的叙述[134]。通过将这一临时性叙述与他人交流和分享，组织成员逐渐形成了对这一偶发事件的共同理解并且采取协调一致的行动，而且临时性叙述逐渐成为相对准确的叙述。在这一过程中叙述性文本被记录在组织的正式文档中或群体交互记忆系统中，这有助于经验在组织的不同时段以及不同组织之间进行传播和分析。随着组织对于叙述的积累，组织能够产生一种增值性记忆（Generative Memory）。也就是说，组织成员能够通过回顾之前从相关偶发事件中积累的经验了解到组织曾经采取过哪些应对措施和未曾采取过哪些应对措施，以便结合当前情境提出全新的解决方案。从之前偶发性事件中获得的经验陈述会影响组织如何应对未来可能经历的偶发事件，但这一影响仅限于为当前决策提供参照而并非决定当前决策，组织决策者应在对先前经验陈述进行反思的基础上提出新颖的应对措施，而并非直接照搬已有经验。因此，叙述对组织从偶发事件中学习的促进作用具体表现在如下 3 个方面：首先，对偶发事件进行描述的过程为组织成员提供了总结和交流各自观察的途径，使组织对偶发事件的含义形成了统一认识；其次，叙述触发了组织的学习行为，使组织对偶发事件做出反应；最后，组织通过叙述建立了对于偶发事件的记忆。叙述能够唤起成员对于之前偶发事件的记忆以及当时采取的应对措施，当类似偶发事件再次出现时，之前的记忆有助于组织产生全新的解决方案。

2.5　组织注意力

本书将使用组织注意力理论来解释组织从偶发事件中学习的过程，以提出组织从偶发事件中学习机制模型，由此需要对组织注意力理论进行综述，具体包括组织注意力的定义和分类、注意力基础观、注意力基础观在组织从偶发事件中学习研究中的应用 3 个部分。

2.5.1　组织注意力的定义和分类

组织注意力（Organizational Attention）是指组织决策者将时间和精力用于关注（Noticing）、编码（Encoding）、解释（Interpreting）和聚焦（Focusing）与环境相关的议题和答案。议题表示用于理解环境的分类库（Repertoire），包括问题、机会和威胁。答案表示可用于适应环境的备选方案库，包括计划、惯例、项目和程序[141]。虽然组织注意力源于认知神经学中对个人注意力的研究，但是与关注组织成员之间共享的认知以及组织高管团队之间共享的认知不同，组织注意力关注的是组织决策、行动和认知的分布特性。虽然组织的注意力源于组织中个人对环境的审视，但注意力基础观强调个人的注意力嵌套在组织的活动、流程和情境之中。决策者、问题和解答虽然由注意力联系起来，但是却分布于整个组织。

由于组织注意力本身具有多种含义，Ocasio（2011）将组织注意力分为注意力视角、注意力参与和注意力选择，分别对应于注意力的结构、过程和结果[142]。注意力视角（Attentional Perspective）是指一种自上而下的认知（和动机）结构，这种结构能够使组织产生对相关刺激的持续意识和关注，并对这些刺激做出回应；注意力参与（Attentional Engagement）是指有目的且持续地将认知资源分配于问题解决、计划、理解以及决策中；注意力选择（Attentional Selection）是注意力参与的结果，即组织将注意力聚焦在某些刺激上。

在对组织注意力含义进行划分的基础上，Ocasio（2011）将组织注意力的研究分为：组织行为理论（Behavioral Theory of the Firm）、管理认知（Managerial Cognition）、上谏行为（Issue Selling）、注意力基础观（Attention-Based View）以及注意力生态（Ecology of Attention）。组织行为理论将组织视为一个具有有限注意力的问题解决实体。注意力视角一方面来自组织各业务单元之间相互冲突的目标和解析，另一方面也可来自之前决策所形成的组织经验。组织没能达到预期目标触发了注意力参与，由此引发近距搜索（Local Search）和组织学习。而注意力选择体现在组织改变预期目标所导致的结果，以及注意力参与所导致的选择性搜索[143]。管理认知将组织视为一个解释系统。管理认知视角的研究重点关注注意力视角如何形成战略适应性，即解释环境的固定模式如何形成组织行动和适应性，其中解释的改变即被视为注意力焦点的改变；上谏行为视角认为，高层管理者的注意力是一种稀缺资源，中层管理者和基层员工需要通过竞争获取组织注意力资源。上谏行为更多关注的是注意力选择，即高层管理者是否选择以及如何选择上谏者提出的方案[144]。注意力基础观（ABV）是 Ocasio（1997）将前人对组织注意力的研究视角进行总结归纳后提出的[141]。注意力基础观将组织视为组织力过程的分布系统，情境化的注意力导致了特定注意力选择，从而导致组织行为和结果；注意力生态视角强调注意力的竞争性质。

2.5.2 注意力基础观

注意力基础观（Attention-Based View）认为组织是一个将注意力进行结构性划分的系统。因为认知资源有限，组织或管理者仅会关注突出（Salience）且相关（Relevance）的问题。组织管理者一旦开始参与解决某一重要问题，那么其对其他问题的关注度将会降低，即注意力可以在不同问题上动态分配[143]。同时，组织也会通过结构设计使各部门和层面分别关注不同的问题，降低单个部门或层面的注意力负担[145]。这种对注意力进行动态分配机制保证了组织既可以快速准确地做出决策，又可以保证组织能够将注意力集中在少数关键问题上，降低次要问题的干扰[146]。

注意力基础观由 Ocasio（1997）提出，其核心是注意力三原则[141]。一是注意力焦点原则（Focus of Attention）：在个体层面，决策者所采取的行动取决于决策者将注意力聚焦于何种问题和答案。决策者在任何时候都只能有选择地关注一些问题和答案。二是注意力情境原则（Situated Attention）：在社会认知层面，决策者关注的问题和答案以及所采取的行动取决于决策者所处的情境。也就是说，个体决策者的注意力焦点是由其所在的情境决定的，而这一情境化的注意力直接影响个体决策者的行为。三是注意力结构化分布原则（Structural Distribution of Attention）：在组织层面，决策者所处的情境取决于组织结构。也就是说，组织的规则、资源和社会关系等结构因素决定了问题、答案以及决策者如何在特定的活动、沟通和流程中分布。

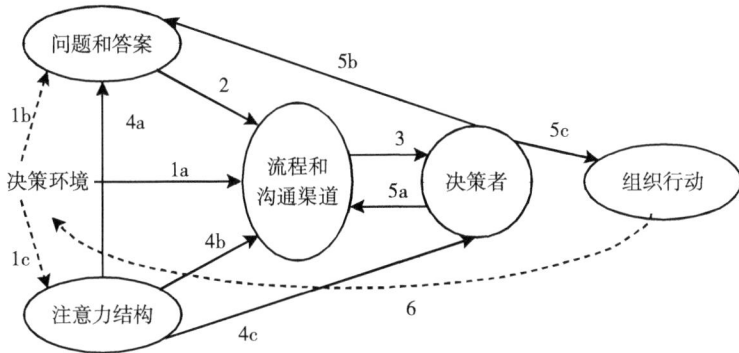

图 2.9　情境注意力与组织行为模型

资料来源：Ocasio（1997）。

在此基础上，Ocasio（1997）提出了如图 2.9 所示的情境注意力与组织行为模型，用于解释个人层面、社会认知层面以及组织层面的注意力过程如何影响组织行为[141]。其中，机制 1a 表示环境刺激。对于任何流程和沟通渠道，资金、经济和制度等组织内外因素均会影响组织的决策环境，并且为决策制定提供了一系列的外部刺激。机制 1b 表示文化或制度工具。环境变化中的文化过程和制度过程为决策者提供了一套可以指导行动的问题和答案。机制 1c 表示环境嵌入。组织的规则、资源和社会关系等结构因素不但嵌入组织的经济、社会以及制度环境中，而且受到决策环境的影响。机制 2 表示问题和答案的具体化。此处的问题和答案表示可被决策者用于解释问题和响应环境的认知系统。问题和答案会体现在组织的文化产物中，这些具体的文化产物可被用于具体的活动、流程和沟通之中。机制 3 表示问题和答案的可用性和显著性。模型中的流程和沟通渠道表示组织中正式和非正式的活动、互动和交流，是组织注意力分配的重要组成部分。流程和沟通渠道的时间、空间和过程维度能影响问题和答案的可用性和显著性，从而影响决策者参与到某些特定问题中来。机制 4a 表示注意力结构能影响问题和答案的价值。注意力结构是指社会、经济和文化结构，其能控制决策者在决策活动中的时间、精力和注意力焦点的分配。机制 4b 表示组织的注意力结构能使组织的决策活动分布于流程和沟通渠道之中。机制 4c 表示组织的注意力结构能给决策者提供一个结构化系统，这一系统能影响决策者的兴趣、认同以及决策前提。机制 5a 表示参与结构。参与结构受到决策者的时间、精力、兴趣和认同的影响，以及改变流程和沟通渠道的时间和精力成本。机制 5b 表示组织的决策者将注意力聚焦在有限数目的问题和答案上。机制 5c 表示决策者根据其所关注的问题和答案来选择组织下一步的行动方案。机制 6 表示组织行动一旦完成，将成为决策环境的一部分，影响组织下一步的行动。

2.5.3 注意力基础观在组织从偶发事件中学习研究中的应用

虽然对注意力的分配降低了组织的认知负担，但是也抑制了组织识别出某些微弱线索的能力，尤其是那些无法归入已有类别库（Repertoire of Categories）的新议题[147]。组织将注意力集中于个别议题会使组织难以发现环境的改变，某些看似不重要、周边的以及不相关的议题的改变往往是环境变化的关键线索。同时，组织将注意力集中于个别议题会抑制组织建立新的类别来对这些新变化加以关注。因此，将注意力过度集中于某几个议题既会降低组织发现已存在议题出现变化的能力，又会降低组织发现新议题的能力[136,148,149]。为了解决这一矛盾，Rerup（2009）提出注意力三角定位（Attention Triangulation）这一概念来解释组织如何将决策者的注意力在不同议题之间分配，同时又能将领导者的注意力进行有效整合以发现潜在问题并开展组织学习[4]。注意力三角定位的 3 个维度分别是稳定性、动态性和内聚性（图 2.10）。

注意力的稳定性（Attentional Stability）是指对于某些议题的持续关注。聚焦是注意力稳定性强调的重点。因为组织注意力是一种有限资源，为了聚焦某些议题，组织很可能减少或放弃对其他议题的关注。

组织注意力的定义恰好反映了注意力的稳定性，即组织花费时间和努力来对某些议题进行扫描、注意、编码及解释。通过多次、重复、持续地关注某些核心议题，组织能够获得对某些特定情境的深入理解。注意力的稳定性对于组织从偶发事件中学习的重要意义在于，某些议题的复杂性和潜在风险只有在准确以及严密的审视下才能被发现。

图 2.10　组织注意力三角定位

资料来源：总结 Rerup（2009）研究得出。

注意力的动态性（Attentional Vividness）是指对议题进行扫描和解释的丰富性和复杂性（Weick，2007）。也就是说，组织需要同时关注多项议题，而且还要对其复杂甚至相互冲突的含义进行解释。为了实现这一过程，组织需要在已有议题类别之间转换并且根据需要创建新的类别。注意力的动态性强调组织不但要关注核心议题，而且还要关注周边议题[149]。注意力的动态性强调图像与背景，周边与核心之间的联系，而不是将其割裂开。如果组织仅关注核心议题而不关注周边议题，那么很有可能搞不清核心议题的内涵。缺乏对周边议题的关注即缺乏对核心议题情境的关注，也就意味着核心的消失[150]。组织成员动态地关注一系列议题能提高组织留意日常警告信号并将其转换成议题，并且开展预防性措施的能力[149]。

注意力的内聚性（Attentional Coherence）是指组织各层级、各部门和各成员之间所关注议题的相似或兼容程度。组织中的很多工作需要由跨越不同层级和专业的部门内活动以及部门间协调来完成。部门内活动可实现组织注意力的稳定性和动态性，部门间协调可实现各部门和各层级之间的协调一致。注意力的内聚性所强调的是组织中的个体、团队和部门共同参与搜索、分享和解释信息，包括某些微弱线索。也就是说，组织将来自不同个体、单元、职能部门、层级的注意力协调起来，减少注意力在组织中的分隔和混淆。

注意力三角定位表示组织要从上述 3 个不同维度来关注某些议题，以获得清晰且深入的认识，提高组织对于微弱线索的识别能力。注意力三角定位的意义一方面在于使组织有效分配注意力，由于组织在任何时候都会面临数不清的议题，如何排除无关议题的干扰，将有限的认知资源集中于对组织最相关的议题在很大程度上决定了组织对环境的认知能力；另一方面，注意力的某一或某两个维度无法有效地在孤立的议题之间建立联系，识别出可能出现的偶发事件，例如，如果组织注意力仅具有稳定性和内聚性而缺乏动态性会造成组织短视（Myopic），如果组织注意力仅具有动态性和内聚性而缺乏稳定性，组织会将注意力从一个议题转移到另一个议题，缺乏足够的时间来分析此议题是否具有潜在威胁。

2.6 本章小结

在综合已有组织从经验中研究的基础上，本书提出了如图 2.11 所示的组织从经验中学习过程的模型。组织从经验中学习是将组织经验通过学习过程转化为组织知识，并最终用于提高组织绩效的过程。这一过程受到经验类别、学习活动类型、情境条件、任务特征以及组织特征的影响。组织经验可以根据来源维度、内容维度、空间维度和时间维度进行细分，并且每种经验对应于特定的学习过程。例如，根据经验来源可以分为直接经验和间接经验，组织从直接经验中学习的过程是干中学，组织从间接经验中学习的过程是代理式学习。通过经验学习获得的知识需要进行合理的存储、利用、开发、分享，并且要及时将过时的知识忘却。从经验中学习的最终结果体现在组织绩效上，包括生产成本降低、事故数目减少、服务水平提高、产品质量提高以及生存几率提高等。

经验学习理论发展脉络的两条主线分别是组织学习研究和学习曲线研究。事实上，对于学习曲线研究要远远早于组织学习。学习曲线早在 1936 年就被提出并应用于美国航空制造业[90]。早前的学习曲线研究主要集中在工业工程和经济学领域，主要用于解释单位成本随产量增加而下降的现象。自从 Argyris 和 Schon（1978）提出组织学习概念及相关理论之后，学习曲线才逐渐被引入管理学研究范畴，逐渐成为组织学习研究的重要分支[47]。经验是将学习曲线和组织学习联系在一起的纽带。学习曲线研究经验积累与绩效改进之间的关系，而组织学习通常被认为是由经验引发的组织知识改变。学习曲线被用于解释不同组织从经验中学习效率的差异，以及背后所反映出的组织管理上的差异。随着研究的深入，研究者们发现不同类型的经验在学习过程上具有很大差异，将经验进行细分，并分别研究组织如何从各类经验中学习已成为组织学习研究领域的一种趋势。

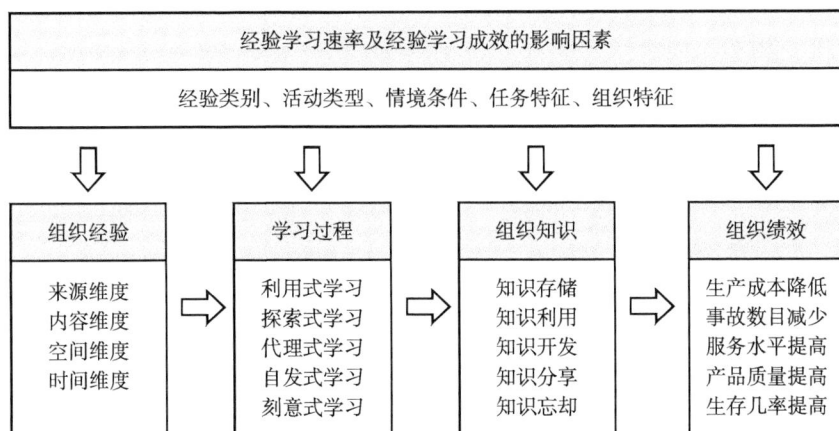

经验学习速率及经验学习成效的影响因素
经验类别、活动类型、情境条件、任务特征、组织特征

组织经验	学习过程	组织知识	组织绩效
来源维度 内容维度 空间维度 时间维度	利用式学习 探索式学习 代理式学习 自发式学习 刻意式学习	知识存储 知识利用 知识开发 知识分享 知识忘却	生产成本降低 事故数目减少 服务水平提高 产品质量提高 生存几率提高

图 2.11　组织从经验中学习过程模型

在一系列重大偶发事件发生后，学者们开始反思，为什么每次付出沉重代价的事件在历史上都能找到相似的经验或教训？例如，2001年9月11日世界贸易中心遭恐怖袭击之前曾在1993年2月26日发生过世界贸易中心恐怖爆炸案，2008年美国次贷危机之前曾发生过1988年美国存贷危机，2003年2月1日哥伦比亚号航天飞机爆炸事件发生前曾在1986年1月28日发生过挑战者号航天飞机爆炸事件。同时也包括我国各类煤矿事故、铁路事故频发，大型企业公关危机不断等。

研究者们发现，虽然此类偶发性事件能够在一定时期内引起人们的关注，但并未真正触发相关组织的学习行为。为了强化从偶发性事件中获取经验的价值，研究者们根据经验发生的频率高低，将从连续事件中获得的经验与原有的从偶发事件中获得的经验分隔开，来研究组织如何从偶发事件中学习，哪些因素会影响组织从偶发事件中开展经验学习。学术界开始重点关注组织从偶发事件中学习（Learn from Rare Event）始于管理学顶级期刊《Organization Science》在2009年针对这一议题出版的专刊。虽然最近几年相关文章的数量有所增加，但组织从偶发事件中学习的相关研究还并不完善，有许多尚待解决的问题。

（1）已有研究重点研究了组织从偶发事件中学习的前因后果，缺乏对组织从偶发事件中学习机制的探讨。虽然已有研究识别出了经验异质性、事件相似性、绩效反馈、主动或被动、成功或失败等影响组织从偶发事件中学习的因素，以及偶发事件积累与组织绩效改进之间的非线性关系（已有研究结论汇总如图2.8所示），但是偶发事件与绩效改进关系之间的内在机制在很大程度上仍然是一个黑箱。而且，虽然学者们区分出了关于偶发事件的学习和通过偶发事件的学习，但两种学习方式如何被触发，两种学习方式如何发挥作用，以及如何协同这两种学习方式等问题均不明确。

（2）已有研究重点关注了偶发事件对组织影响的绝对性，忽视了偶发事件对组织影响的相对性。虽然已有研究表明被触发开展刻意式学习的组织能够改进绩效水平，但是仍然无法解释如下问题：在某一重大偶发事件发生后，行业中几乎全部组织都在此偶发事件的触发下开展了刻意式学习，为什么不同组织的学习成效存在显著差异？也就是说，已有研究主要关注了偶发事件本身影响程度存在的差异，忽视了偶发事件与组织相关程度的差异。因此，偶发事件对于组织的影响程度和与组织的相关程度如何共同影响组织从偶发事件中学习是后续研究所要解决的问题。

（3）关注直接经验的研究较多，关注间接经验的研究较少。这是因为一方面直接经验直观且易于推广，组织通常会过于重视自身的直接经验而忽视间接经验；另一方面间接经验数据的获得相对比较困难，例如，已经发表的绝大部分文章均是研究组织如何从亲身经历过的偶发事件中学习。然而偶发事件具有较高的稀缺性，因此组织仅从自身的直接经验中难以获得进行正确决策的全部信息，将直接经验和间接经验合并才构成了研究从偶发事件中学习的完整样本。因此，已有研究的偶发事件经验来源单一，忽视了偶发事件经验来源的完整性。已有研究集中于从自身发生的当前事件学习，以及从其他组织发生的先前偶发事件中学习，缺乏将偶发事件各方面经验来源统合起来的一般性研究。如何在研究中将当前经验和历史经验，直接经验和间接经验结合起来，尽可能扩大样本量，以便从中得出正确的归因和隐藏的线索是后续研究所要解决的问题。

（4）关注企业特征和任务特征的研究居多，关注情境因素的研究较少。知识是在经验与情境的互动过程中产生的[31]。组织情境不仅为组织学习提供场所，而且组织学习获得的知识也将嵌入组织情境。情境包括组织外部的情境因素和组织内部的情境因素。组织外部的情景因素包括竞争对手、客户、行业制度和监管部门等，组织内部的情境因素包括组织战略、结构、文化和激励等。如何在组织从偶发事件学习过程中反映情境因素，以及情境因素对学习效率有哪些影响是今后研究需要重点关注的问题。

（5）关注自发式学习的研究较多，关注刻意式学习的研究较少。已有的研究多数将组织视为经验的被动接收者，组织从偶发事件中学习是一个自发式的学习（Autonomous Learning）过程。事实上，组织可以通过有针对性的培训、小范围试验新技术、开展员工建议计划等多种方式积极主动地、有预见性地开展组织学习，即刻意式学习。刻意式学习（Deliberate Learning）是指学习主体有计划性地开展学习活动，反映了学习主体的主观学习意志。也就是说，虽然从偶发事件中获得经验不受组织所掌控，但组织可以通过对自身已有经验进行深度挖掘或从其他组织获取类似经验来有意识地强化从偶发事件中学习，并且根据学习结果对偶发事件进行一定的预判断，从而增强有利事件的积极影响，降低有害事件的消极影响。因此，如何在组织从偶发事件中学习的框架内反映刻意式学习过程是今后研究的另一个方向。

（6）已有研究大多将组织视为完全理性的学习系统，缺乏对组织认知资源约束的探讨。组织的认知资源是有限的，组织只能对外界刺激做出有选择的反应，所以组织从偶发事件中学习的成效不但受到外界环境因素和组织结构设计因素的影响，而且还会受到有限认知资源的约束。组织注意力理论以及注意力基础观为组织从偶发事件中学习的研究提供了全新视角，但又给组织提出了现实问题。如何使组织将有限的注意力分散到多个议题，发现议题之间的潜在联系和隐藏线索，同时又能将注意力进行适度聚焦，实现对少数核心议题的深度发掘，实现注意力资源在组织内部的动态分配是后续研究需要解决的问题。

第3章 组织基于偶发事件开展从经验中学习的实践方法

由第 2 章可知，根据经验的时间维度，可以将经验分为从连续事件中获得的经验和从偶发事件中获得的经验。偶发事件的定义主要来自两个方面：一是从发生概率来看，偶发事件的发生概率很低；二是从影响范围和幅度来看，偶发事件突出且影响深远。和从连续事件中获得的经验相比，从偶发事件中获得的经验具有较强的稀缺性、模糊性和复杂性，这使得组织从偶发事件中学习的过程非常困难，而且通过不恰当经验学习过程所得到的知识甚至可能会危害组织绩效。March（2010）曾提出经验可以是一个好老师，但也可以是一个不完美并且存在缺陷的老师[5]。也就是说，从偶发事件中学习经验的目的并非在今后机械地套用这些经验，而是要在总结经验的基础上结合当前组织情境提出更加具有开创性的解决方案。而真正能够做到在已有经验的基础上进行反思和创新是十分困难的，这需要一套行之有效的实践方法。

本章的目的是明确企业从偶发事件中学习经验的现状，从实践的角度提出有针对性的改进措施，使企业能够沿着一条清晰的路径一步一步地将从偶发事件中获得的经验转化为组织知识，切实提高组织的绩效水平。为了实现上述目标，本章首先将对企业已经采用的从偶发事件中学习的实践方法进行分析，并且在此基础上提出现有实践方法的优势和不足，以便找到适用于企业从偶发事件中学习的一整套科学合理的操作方法。随后，本章以两个典型案例来对这套实践方法在实际企业中的应用进行详细分析，一方面为企业开展从偶发事件中学习提供范例，另一方面探讨如何对现有的实践方式进行深化，以便提出未来发展方向，同时为本书之后的理论与实证研究奠定基础。

3.1 实践方法与步骤

本书提出组织从偶发事件中学习的实践方法分为循序渐进的 4 个步骤，具体包括叙述、分类、编码和解析。如图 3.1 所示。

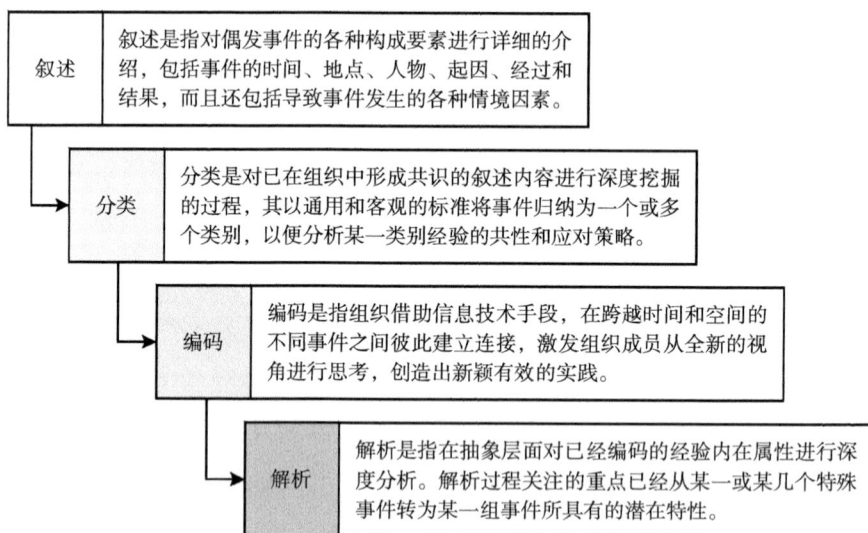

叙述	叙述是指对偶发事件的各种构成要素进行详细的介绍，包括事件的时间、地点、人物、起因、经过和结果，而且还包括导致事件发生的各种情境因素。
分类	分类是对已在组织中形成共识的叙述内容进行深度挖掘的过程，其以通用和客观的标准将事件归纳为一个或多个类别，以便分析某一类别经验的共性和应对策略。
编码	编码是指组织借助信息技术手段，在跨越时间和空间的不同事件之间彼此建立连接，激发组织成员从全新的视角进行思考，创造出新颖有效的实践。
解析	解析是指在抽象层面对已经编码的经验内在属性进行深度分析。解析过程关注的重点已经从某一或某几个特殊事件转为某一组事件所具有的潜在特性。

图 3.1 组织从偶发事件中学习的实践方法

3.1.1 叙述

叙述（Narrative）是指对偶发事件的各种构成要素进行详细的介绍，包括事件的时间、地点、人物、起因、经过和结果，而且还包括导致事件发生的各种情境因素。对偶发事件进行详细描述的过程本身就是一个组织学习的过程。通过对事件的描述，组织能够了解偶发事件发生的情境，使组织成员共同参与讨论并最终形成统一认识，同时使组织获得对此偶发事件的记忆，在今后再次发生相似事件时采用及时准确的应对措施。叙述以及在叙述过程中形成的文本（Text）又是对组织开展从偶发事件中学习的基础。

在社会学研究中，叙述是一种收集个人感受、经验及思想的有效方法。例如，Riessman（1993）提出经验的再现可分为 5 个层次[151]，具体包括：关注经验（Attending to）、诉说经验（Telling）、转录经验（Transcribing）、分析经验（Analyzing）以及阅读经验（Reading）。在此基础上，Garud 等（2010）提出了叙述促进组织从偶发事件中学习的内在机制[134]。在组织情境中，组织成员首先将其所观察到的偶发性事件形成一个临时性的叙述。通过将这一临时性叙述与他人交流和分享，组织成员逐渐形成了对这一偶发事件的共同理解并且采取协调一致的行动，临时性叙述逐渐成为相对准确的叙述。在这一过程中叙述性文本被记录在组织的正式文档中或群体交互记忆系统中，这有助于经验在组织的不同时段以及不同组织之间进行传播和分析。随着组织对于叙述的积累，组织能够产生一种增值性记忆（Generative Memory）。也就是说，组织成员能够通过回顾之前从相关偶发事件中积累的经验了解到组织曾经采取过哪些应对措施和未曾采取过哪些应对措施，以便结合当前情境提出全新的解决方案。从之前偶发性事件中获得的经验陈述会影响组织如何应对未来可能经历的偶发事件，但这一影响仅限于为当前决策提供参照而并非决定当前决策，组织决策者应在对先前经验陈述进行反思的基础上提出新颖的应对措施，而并非直接照搬已有经验。综上所述，叙述对组织从偶发事件中学习的促进作用具体表现在如下 3 个方面：首先，对偶发事件进行描述的过程为组织成员提供了总结和交流各自观察的途径，使组织对偶发事件的含义形成了统一认识；其次，叙述触发了组织的学习行为，使组织对偶发事件做出反应；最后，组织通过描述建立了对于偶发事件的记忆。叙述能够唤起成员对于之前偶发事件的记忆以及当时采取的应对措施，当类似偶发事件再次出现时，之前的记忆有助于组织产生全新的解决方案。

此外，Bartel 和 Garud（2009）提出叙述能够促进组织开展持续性创新[152]。这是因为组织创新需要成员之间协调一致地开展如下活动：①将来自不同方面的想法重新组合以产生新颖性；②实时性地解决问题；③将当前的创新活动与之前的创新经验和未来的创新渴望相联系。Bartel 和 Garud 提出叙述能够通过翻译（Translation）促进组织内部的协调活动，对应于上述 3 方面具体表现为：①叙述是翻译想法以便理解和传播的重要机制；②叙述能翻译模糊情境以便实时解决问题；③叙述能使组织在过去经验的基础上产生增值性记忆，以便用过去的创新经历服务当下并且启迪未来。

3.1.2　分类

叙述是当事人对事件的主观描述。不同成员对同一事件的解读可能不同，同一经验给不同成员带来的启示也可能存在差异，所以各个当事者叙述的情节会在一定程度上存在差异，很多版本的情节才能构成一个完整的故事描述。而分类是对已在组织中形成共识的叙述内容进行深度挖掘的过程，其以通用和客观的标准将事件归纳为一个或多个类别，以便分析某一类别经验的共性和应对策略。从经验学习的视角来看，组织学习就是组织逐渐规范现有操作惯例并最终将其标准化，以便快速准确地应对可能在今后定期发生的同一类事件[153]。在这种刺激—反应模式的作用下，此类事件的发生情境一旦被识别，组织立刻就能启动已有的应对预案。

组织成员能够根据已有的经验类别找到对应的知识和有效的应对措施[133]。也就是说，当组织将当前事件与对应情境和某一经验类别相联系时，组织同时能够访问或使用此经验类别中包含的资源，包括实物资源（如设备、数据库和文档）、工作过程（如分析技术和标准操纵惯例）以及人力资源（如专家、权力和政治影响力）[134]；同时，对事件的原因等方面进行分类可使每类经验的应用范围缩小，明确每类经验的边界条件。小范围一方面意味着可能的替代方案比较少，组织容易从全部方案中找到最优解；另一方面也意味着组织可以在短时期内形成一个数量较大噪声较低的参照样本。此外，对经验进行分类能促进组织成员之间的交流并协调彼此行动[135,154]。因此，对经验进行分类能够提高组织的反应速度和绩效水平。

分类的过程是一个模式识别和匹配的过程[134]。分类的主要依据是对经验相似和差异程度的感知，即分析一个事件及所包含经验的内在属性与已有经验类别之间的匹配程度。经验的类别是随着经验的积累而动态变化的，当已有经验类别不能满足实际需要时，新的类别会从已有类别中分裂出来。也就是说，每一类经验虽然是根据相似性汇集到一起，但每个类别中的经验并非完全相同。每个类别中只有少数典型经验符合这一类别的全部特征，但是大部分经验只符合这一类别的部分特征，根据符合程度高低围绕典型经验呈放射状分布[154]。因此，如果经验越典型，则应用这一类别所对应的知识和资源的实际效果越好。

连续性事件和偶发性事件的一个重要区别就体现在能否将事件经验比较容易地归入已有的经验类别中。由于连续性事件出现频率较高，组织已经建立了与之对应的经验类别，因此连续性经验能比较轻易地被归于已有经验类别中。而对于偶发性事件来说，其所对应的经验通常难以归于已有经验类别或者同时跨越多个经验类别。因此，对于偶发事件中获得的经验来说，组织既要综合多个经验类别的对应知识，避免盲目式学习（Superstitious Learning）[42,111]，又要在已有经验基础上进行深入思考，否则就会使组织陷入能力陷阱（Competency Traps）[42]。

3.1.3　编码

广义的编码是指在知识管理过程中将隐性知识转化为显性知识的

过程[108,155]。显性的可编码的知识可以存储在组织的知识库中，而隐性的难以编码的知识多存留在个人记忆或群体交互记忆系统中。而本书中的编码是一个狭义的概念，特指在对经验进行叙述描述和定性分类的基础上对经验进行量化处理的过程。与分类相比，编码反映了更高级别的组织认知过程。编码的目的一方面使组织能够方便地借助信息技术手段（如知识经验管理系统）来检索（Retrieval）经验，另一方面则是在经验之间建立连接并进行定量分析，以便更加深入地反映决策与绩效之间的因果关系。

组织成员能够通过个人记忆或群体交互记忆保存一部分经验，但个人的学习与记忆能力有限且容易发生遗忘，所以组织往往是通过十分有限的个人经验来推断整体态势的。这是因为先前很多经验都随着时间的流逝而逐渐被淡忘，难以在较短时间内将这些记忆全部唤醒。而通过编码，可以更为方便地对偶发事件的经验进行储存，这样组织只需运用恰当的信息技术手段就能从知识库中检索出已被编码的事件，从而获得一个相对完整且能够辅助决策的参照样本。另外，编码能使组织产生增值性记忆（Generative Memory）。也就是说，在全面回顾之前从相关偶发事件中积累的经验，了解曾经采取过哪些应对措施的基础上，决策者能够准确识别已有应对措施的优势和劣势，并在此基础上提出更加适合的解决方案，而并非直接照搬已有经验。

然而，从偶发事件中获得的经验通常难以被归入已有的连续性经验类别当中，而且多数从偶发事件中获得的经验会跨越多个经验类别，这使得因果关系之间模糊且复杂，处理难度相对较大。为了解决这些问题，组织需要从以下 3 个方面着手：①当组织情境与某一类别或某几个类别相匹配时，组织要能够快速获取与这一类别相对应的尽可能丰富的经验资源，以形成一个相对完整的能够辅助决策的经验样本；②对样本中的偶发事件进行横向和纵向的数量分析和比较，以系统研究代替直觉，以发现背后隐藏的因果关系；③评估得出的结论能否适用于新情境，如果不能直接应用则需要在已有经验的基础上推陈出新，提出新的应对措施和解决方案。编码能在很大程度上促进组织从上述 3 方面发掘偶发事件所包含的经验：①编码能降低经验的获取成本。组织能够通过知识库等信息技术手段方便地检索出已被编码的经验，以获得完整的参照样本。②编码有助于组织借助统计手段和数学模型分析已有经验之间的内在联系，创造产生新含义和新解释的机会。③编码能促进组织在已有基础上开展增值性反思，识别已有应对措施的优势和劣势，提出全新的解决方案[156]。

因此，叙述是对偶发事件情节的详细描述，分类是为了归纳总结偶发事件的共性规律以期提高组织今后的快速反应能力，编码则是为了在跨越时间和空间的不同事件之间彼此建立连接，激发组织成员从全新的视角进行思考，对已有的实践方式赋予全新含义，创造出新颖有效的行为方式。也就是说，编码有助于组织克服机械性模仿，使组织开展一种增值性模仿，在模仿的基础上结合情境条件进行创新。

3.1.4　解析

解析是指在抽象层面对已经编码的经验内在属性进行深度分析。通过分类和编码，偶发事件被逐级归入不同的纵向细分类别，同时每个偶发事件中的经验条目又被显性化表示。在此基础上，解析的目的和意义体现在以编码要素作为桥梁在不同事件之间以及不同事件类别之间建立起了横向联系，由此形成了一个可量化的矩阵结构，进而可以借助先进的统计手段实现对多起偶发事件进行横向和纵向比较，分析偶发事件之间的复杂关系，提高对偶发事件的侦测和预警能力。也就是说，解析过程关注的重点已经从某一或某几个特殊事件转为某一组事件所具有的潜在特性。这就好比组织行为科学领域用抽象的构念（如组织承诺、工作满意度、组织公民行为等）来表示管理现象，以研究抽象构念之间的关系并发展出理论。同样，为了透过事件的表象深入分析经验的内在特性，本书需要建立能够反映经验内在属性的计算指标，而计算这些指标则需要建立在对经验内容进行编码的基础之上。例如，已有研究表明经验的异质性程度能够影响组织从经验中学习[111,124,127]。除了经验异质性外，经验的其他属性，如重复性和一致性，同样会对组织从经验中学习的成效产生影响。经验的内在属性会通过组织学习过程来影响组织绩效，具体影响机制如下：偶发事件所含经验的内在属性可以营造一种激发组织学习的情境，这种特殊情境会使组织的注意力集中到偶发事件上，成为组织开展刻意式学习的动力。刻意式学习是学习主体有计划地获取、创造和应用新知识的过程，反映了学习主体的主观学习意志。刻意式学习能够促进对知识进行编码，即首先改变组织知识。在组织知识变化的作用下，组织的实践方式和方法（行为）发生改变并最终反映在组织绩效上。

解析在组织从偶发事件中学习中的重要意义表现在，首先，解析有助于发掘微弱线索。由于偶发事件本身相对稀缺，对单次事件进行正确归因相对困难，一些看似微弱的线索容易被忽视。通过对多次相关事件进行横向比较有助于增加微弱线索的重现次数，从而识别出潜在问题，为早期预警提供支持。其次，解析的过程能够增强组织学习情境。通过分析多次偶发事件之间的内在联系，组织能够发现已有问题并未真正得到解决，从而导致相同错误重复发生，这会增强对管理制度进行变革的紧迫感，有助于从深层次解决当前问题。最后，解析有助于调整组织决策者的心理状态。由于偶发事件具有非连续性和不确定性等特点，决策实施后一段时期内偶发事件不再发生往往并不意味着问题真正得以解决，但这却会提高管理者对政策积极效果的感知，这种感知容易使其盲目乐观自信，从而阻碍组织学习的深入开展。解析的过程恰好能够对决策者起到重要的提示作用，使决策者全面且客观地看待问题，避免受到心理因素的干扰。

3.1.5　四步骤实践方法与组织学习的关系

对于组织来说，叙述、分类、编码和解析这 4 个学习步骤有一定的先后顺序。首先，对偶发事件的各种构成要素进行详细描述是分类、编码和解析的基础和前提。其次，根据叙述文本将偶发事件归入不同类别的过程本身也是对事件认识逐渐加深的过程，这一过程有助于归纳总结偶发事件的共性规律，提高组织今后的快速反应能力。再次，编码是对已有分类体系的重要补充，通过将跨越不同时间和不同类别的事件彼此连接，提高事件经验的利用效率，激发组织成员从全新的视角对偶发事件进行思考。最后，建立在叙述、分类和编码基础上的解析是组织从偶发事件中学习的较高形态。在解析过程中，组织通过建立反映经验相似性、重复性和异质性等特点的统计指标，不但可以调整学习情境的强弱，而且可以调整组织注意力的动态分布，提高对微弱线索的识别能力。

我们可以根据利用式学习和探索式学习划分来进一步分析叙述、分类、编码和解析这 4 个学习步骤之间的关系。利用式学习和探索式学习是组织学习的两种基本形态。利用式学习 （Exploitation） 是对已有经验的深度发掘，目的是使经验更加可靠；探索式学习（Exploration） 是指对全新经验的广泛探索，目的是使经验更富变化[33]。已开展的相关研究普遍认为，组织需要同时兼顾探索式学习和利用式学习，充分发挥各自的优势，实现两种学习形态的双元平衡 （Ambidexterity），从而提高组织适应环境变化的能力 [79]。组织从偶发事件中学习也可以综合运用利用式学习和探索式学习，来提升组织应对偶发事件的能力。

通过对 4 个步骤进行分析可以看出，在组织从偶发事件中学习的过程中，叙述和分类的过程更倾向于利用式学习，即对已有偶发事件及经验进行深度发掘。由于偶发事件的发生通常会引发一系列严重后果，因此一次偶发事件本身可以成为开展组织学习的良好契机。在人员和财产损失的触动下，偶发事件管理中的弱点和潜在问题更易于被凸显出来，这样有助于打破既有管理模式，降低改革的阻力。由此，组织可以借偶发事件及时提醒组织"回头看"，这样不仅有助于解决当前偶发事件应急管理中出现的问题，而且还可以借机对组织的相关管理制度和操作流程进行一次深刻的自我剖析，最终实现组织观念以及职能的转变。而编码和解析的过程更倾向于探索式学习，即通过扩大经验来源促进对经验的创造性应用。由于偶发事件具有非连续性的特点，如果组织就事论事的话，往往会忽视不同偶发事件之间的内在联系。通过将当前偶发事件与曾经发生过的偶发事件相联系，以及将管辖范围内的偶发事件与非管辖范围内的偶发事件相联系，组织能够更易于发现某类偶发事件的共性规律和潜在问题，识别出这类偶发事件在潜伏期的可能性征兆，从而避免类似偶发事件的再次发生或降低发生之后可能产生的负面影响。因此，组织可以用叙述、分类、编码和解析这 4 个学习步骤来实现利用式学习和探索式学习的双元平衡，提高组织从偶发事件中学习的成效。

叙述、分类、编码和解析这 4 个步骤的实践方法不仅存在先后顺序，而且实施难度也逐级增加，叙述和分类这两个步骤相对基础，本章后续内容将通过 3M 公司和航空产业这两个典型案例分别分析叙述和分类这两个步骤在当前企业中的实际应用。而编码和解析这两个步骤是组织开展从偶发事件中学习的难点，现实中少有企业能够做到对已有经验进行深度解析。本书将在实证研究部分以美国民用航空事故为例，详细阐述如何对偶发事件进行内容编码，并且本书在编码基础上开发了经验异质性、重复性和一致性这 3 个用于解析经验的指标，以便对经验属性进行深度发掘，进而提高组织从偶发事件中学习的成效。

3.2　3M 公司从偶发事件中学习

3.2.1　3M 公司简介

3M 公司创建于 1902 年，总部设在美国明尼苏达州的圣保罗市，是世界著名的产品多元化跨国企业。3M 为国际公认的研发领域的企业先驱，在其一百多年的历史中，3M 公司开发了 6 万多种高品质创新产品，在医疗产品、高速公路安全、办公文教产品、光学产品等核心市场占据领导地位。3M 公司在全球 60 多个国家和地区设有分支机构，产品在 200 多个国家和地区销售，年营业额逾 196 亿美元。3M 的成功是基于对多个卓越科技平台的开发和交互使用来满足现实社会中广泛市场领域的客户需求。3M 承诺为全世界的人们提供更加方便、更加美好的生活方式[157]。

3M 公司文化突出表现为鼓励学习与创新。一方面，公司每年将销售额的 7% 用于产品研究和开发。另一方面，3M 公司尊重员工价值、发挥其潜力、鼓励创造力和领导力。3M 公司鼓励每一个员工开发新产品，提出新建议和新方法，同时员工的创意会得到尊重与欣赏。3M 公司有著名的 "15% 原则"，即允许每个技术人员在工作时间内可用 15% 的时间来 "干私活"——搞个人感兴趣的工作方案，不管这些方案是否直接有利于公司。此外，3M 公司采取创新产品小组这种灵活的组织结构，将产品创新绩效与个人的薪酬和职业发展相挂钩，并且营造出容忍失败的宽松和谐氛围。在这些管理措施的共同作用下，3M 公司长盛不衰，以勇于创新、产品繁多著称于世。

3.2.2 报事贴的发明历程

报事贴（Post-it）是 3M 公司办公用品门类的拳头产品。使用者可在上面随意记录信息，并可方便地将其粘贴在任何地方，去除之后又不留下任何痕迹，因此被广泛应用于各类办公场所。但报事贴的发明却源于一次偶发事件，而且整个发明过程也并非一帆风顺[158]。

1964 年，西尔弗（Silver）成为 3M 中央研究实验室"聚合体粘贴剂计划"的研究人员。通常，在进行聚合催化反应时，各种反应物的配比有严格限定。而在 1968 年的某次研究过程中[159]，西尔弗一时兴起将一种单体以非常规的大剂量加入到反应物中。在事后的回忆中，西尔弗说：

"如果我事前坐下来仔细分析，现在就不会完成这个实验了。如果我花时间去看相关文献，也早就歇手不干了。我这个人喜欢寻找物质的新特性，因为那很刺激。我也非常喜欢打乱一下物质的结构，只是想瞧瞧会发生什么。而要那些受过专业训练的人这么做很难。我发现大家就是不愿单是为了好奇而尝试、实验。"（罗瑞，1997，第 40 页）

正是这次胡乱尝试产生了一种全新的粘性聚合体。这种聚合体能够在两种物体表面产生一定的粘着力，但又不会将二者牢牢粘住。如果将两种物体分开，这种聚合体会残留在两种物体中的某一种上，而在另一种上没有任何残留。西尔弗在发现这种新粘贴剂后如获至宝，但成功总是不会轻易到来的。在这之后，聚合体粘贴剂计划被撤销，研究经费很快被用完，西尔弗也被安排了全新的任务。为了将这一发明进行到底，西尔弗一方面凭借个人力量争取研究经费，另一方面利用完成本职工作之后的剩余时间来继续从事研究。西尔弗曾尝试将粘贴剂涂在告示板上以粘着纸张，但连西尔弗自己对这一产品都不很满意。因找不到合适的产品创意，西尔弗开始不断地向他人介绍这一粘贴剂的特性，以求借助他人的想法将其形成一种产品。但糟糕的是，似乎没人知道如何应用这样一种不粘的粘贴剂。当所有人都在研究如何发明更粘的粘贴剂时，这一不粘的粘贴剂确实显得有点格格不入。这一过程就好比已经掌握了一个解决问题的方法，但是却又找不到问题所在[160]。对于这段困苦的经历，西尔弗回忆说：

"我十分确信这个发明有潜力。它总是有些诱人的火花在那闪呀闪的，激励我再研究下去。有时你不得不做个狂热分子，这样才能让你的兴趣生生不息，因为兴趣是会逐渐消失的。经费充裕时，我们会做很多有趣的研究，碰巧在我们发展出第一样好东西时，经费便捉襟见肘，接着就必须周游各部门去展示和推广。可是对于这种新玩意儿，没有人晓得最后的成品会是什么样子，别的部门根本无暇他顾。"（罗瑞，1997，第 42 页）

西尔弗向各部门和个人推介新型粘贴剂的过程持续了整整 5 年时间，直到西尔弗被调到另外一个研究小组。在这里，西尔弗结识了化学家奥利维拉（Oliveira）。奥利维拉对西尔弗发明的粘贴剂很感兴趣，开始共同从事将这一发明形成产品的工作。产品化的实质性进展发生在西尔弗和奥利维拉将粘贴剂向一个研究小组领导人尼科尔森（Nicholson）介绍之后。尼科尔森当时正授命在商用胶带部门成立一个研究小组以发掘新产品和新业务。尼科尔森听了粘贴剂的介绍后觉得很有兴趣，确实与其他想法不同，因此决定将其作为一个项目来开展。此时，决定项目成败的另外一个关键人物——福莱（Fry）出现了。福莱本身多才多艺，既是化学家，也是合唱团的指挥，还在业余时间从事汽车修理。在加入尼科尔森领导的研究小组之后，福莱开始关注西尔弗和奥利维拉发明的粘贴剂。虽然福莱也认为这一粘贴剂十分特别，但一时也无法回答这东西究竟有什么用。

不粘的粘贴剂可被制成何种产品的问题一直萦绕在福莱的脑海中。直到有一天，福莱在教会唱诗班唱诗时，书签不停地滑落，他无法快速准确地找到诗集里正确的页数，他灵机一动，突然想到可以用这粘贴剂制造可重复粘贴的便条纸。就这样，西尔弗和其他人在过去 5 年中未曾找到的答案被福莱一下子找到了，粘贴剂和书签这两个毫不相干的事物被福莱妙手偶得般地联系在了一起，一个革命性的产品随之出现。在之后的产品化过程中，尼科尔森研究小组又陆续克服了一些关键问题。例如，另外两名成员考特尼（Courtney）和梅瑞尔（Merrill）发明了一种可以涂在便条纸上的薄膜，这种薄膜能使粘贴剂只粘在纸上，而不会残留在粘贴剂接触过的其他材料上。

最终在 1977 年，3M 向市场推出了这种名为报事贴的便条纸[159]。但由于消费者从没用过这种产品，也没有试用品，报事贴的市场反应平淡。一年后，3M 在爱达荷州博伊西市投入大量报事贴的试用品，经过试用后，超过 90% 的试用者表示他们会购买和使用这种产品。这一体验式营销十分成功，报事贴迅速风靡，3M 管理层也开始全力支持这一新产品。到了 1980 年，报事贴在美国全国推出发售，后被选为 20世纪 80 年代最受欢迎的消费产品。直到今天，这小小的便条纸仍然在世界各地被广泛应用。

3.2.3　叙述所起的关键性作用

报事贴可以说是 3M 公司的明星产品，但从西尔弗偶然发明一种粘力不是很好的粘贴剂到福莱从解决唱诗本书签掉落时找到灵感一共经历了 5 年时间。在这 5 年中，报事贴的产品创意没有胎死腹中的一部分原因是西尔弗个人的执着追求，西尔弗从一开始就认定这种粘贴剂具有巨大的潜在价值，这种信念一直在支撑着西尔弗，即使自己的发明被再三否定也不轻言放弃。另一部分原因是 3M 公司具有鼓励学习与创新的文化氛围，公司不会干涉西尔弗在完成本职工作后继续从事粘贴剂研究，公司的内部推销制度使西尔弗粘贴剂产品化的希望不致破灭。但更重要的一部分原因是，西尔弗将粘贴剂特性制成了一份详细的故事叙述，并反复与他人进行交流与分享，促进其在组织内持续地进行传播。

对于 3M 公司来说，粘贴剂的发明是一个偶发事件。但这一偶发事件的经验在 3M 公司并没有随时间流逝而消失，这得益于西尔弗 5 年来一直不厌其烦地将对这种粘贴剂的特性向他人进行叙述，以希望他人能帮他为这一问题找一个解决方案。在这一过程中，西尔弗的叙述文本从模糊逐渐变得清晰，情节不断地丰富和完善，与他人交流分享的效率和交流中传递信息的准确性越来越高。同时，在交流过程中，每个受众均会将西尔弗的叙述结合自身的资源和关注点转录（Transcribe）为一个特定版本 [134]，这一版本的叙述又能通过转述再次传播，从而保证了关于粘贴剂的叙述文本能够在组织内部存留并持续不断地流转，以供他人在适当的情境下发挥其作用。同时，异质性的受众从不同视角审视这一叙述文本能激发一种良性的对立与冲突，这一方面可以加深对所描述问题的理解，另一方面有助于促进组织开展反思并产生全新解决方案。因此，西尔弗对于粘贴剂的叙述在报事贴的发明历程中起到了关键作用（图 3.2）。

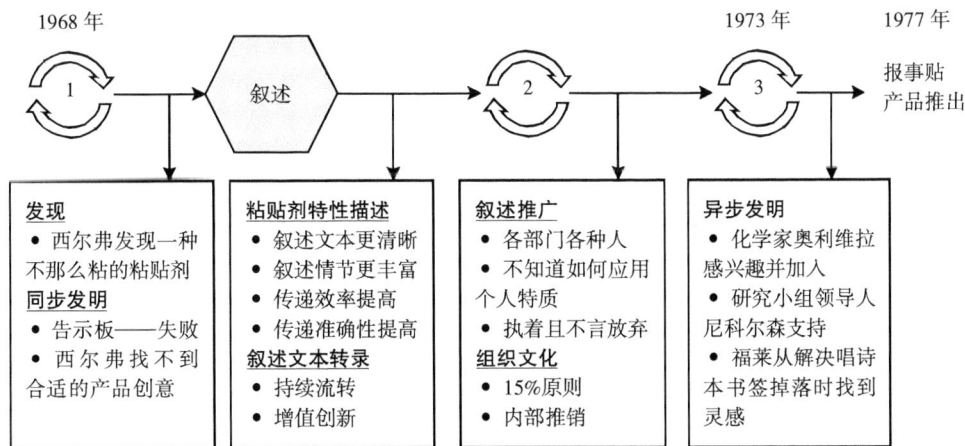

图 3.2　叙述在报事贴发明历程中所起的关键作用

西尔弗对于粘贴剂的叙述主要是通过人际互动来交流和传播，这种口口相传以及群体交互记忆虽然生动形象但是传播效率低下且传播范围较小，每个人所能关注和处理信息的能力有限，而且个人记忆与群体交互记忆中的叙述容易被遗忘或随员工离开岗位而流失。因此，当组织规模较大或距偶发事件发生已经久远，仅凭人际互动和交互记忆很难支持这样的组织从偶发事件中学习的模式。解决这一矛盾的有效方式是借助现代化的信息技术手段，将叙述文本记录在组织的知识库中，以便长期检索和查询，并在此基础上开发经验管理系统或决策支持系统，以促进组织持续开展学习和创新。在这些方面，民航产业是一个突出的典范。

3.3 民航产业从偶发事件中学习

民航产业是一个要求高可靠性和高安全性的产业。相对安全飞行来说，民航事故是偶发事件，但每次事故通常都会带来巨大的生命和财产损失。民航产业的特点要求企业和政府部门花大力气防范事故发生，同时从已经发生的事故中吸取经验教训，以降低今后发生事故的可能性。因此，民航产业部门在开展从偶发事件中学习方面具有先进性。但是航空产业仍然在犯相同或相似的错误，这说明航空产业从偶发事件中学习仍有不足之处。正如 N 航空公司①高层管理人员在访谈中说：

"现在我们从研究的角度来说，都有比较完整的一套东西，但为什么还是老有事呢，从个人行为和组织行为来讲，我们都是偏离的，没有真正从中认识到规律，我们的知识体系还不够完善，认识事物的全面性还不够，我们并没有一个完整的理论构架，造成我们对一个事物的看法总是'横看成岭侧成峰'。"（来源：N 航空公司高管访谈）

本节将对民航产业开展从偶发事件中学习进行案例分享，重点关

---

① N 航空公司为我国某大型航空公司。

注民航产业如何获取经验并对经验进行叙述和分类，而且对航空产业如何进一步推进从偶发事件中学习进行探讨。

3.3.1　经验来源

对于民航企业来说，事故经验来源主要分为 3 个方面：航空公司、民航管理部门和自愿报告系统（图 3.3）。

（1）航空公司内部管控系统。航空公司内部有规范且完善的经验收集渠道，可以做到事前有控制，中间过程有监控，一旦发生了事故则有讲评、总结和改进。以 N 航空公司为例，每年飞行员都要进行复训，每次复训都要开展飞行前讲评，包括：今天飞什么科目、这个科目会有什么问题、要注意些什么、以往的经验是什么等。在日常飞行中，飞机所有的状态轨迹全部被 QAR（Quality Record）系统记录下来，系统将自动对飞行进行评价，有对整体状态的分析，也有对某一事件的特别分析；如果发生问题，飞机一落地马上就会讲评，对问题出现的过程以及当时的环境和条件进行分析。先由飞行员或机组人员自己讲评，然后由教员、飞行安全监察官和飞行管理干部进行讲评，共同找出错误原因所在，同时也会调出飞机当时的数据进行分析。正如 N 航空公司高层管理人员在访谈中说：

"如果出了一个什么事件，我们要拿数据：飞的哪条航线、天气状况、人员状况、飞机的状况、环境状况分别是什么。机组的准备，前一天干什么了（包括饮酒）、什么时候到场、人员心理状况、有没有家庭矛盾、执照状况是否符合要求。然后再考虑为什么会发生这样的事情。"（来源：N 航空公司高管访谈）

这种讲评在 N 航空公司已经制度化，公司设有每日讲评会，分公司在每天下午 4：00，总部在每天下午 4：30 开始汇报每天的运行情况。此外还设有每周讲评会、每月安全例会。这些讲评的结果是提出相应的整改措施。例如，公司发现一段时期以来某几次安全事故都是

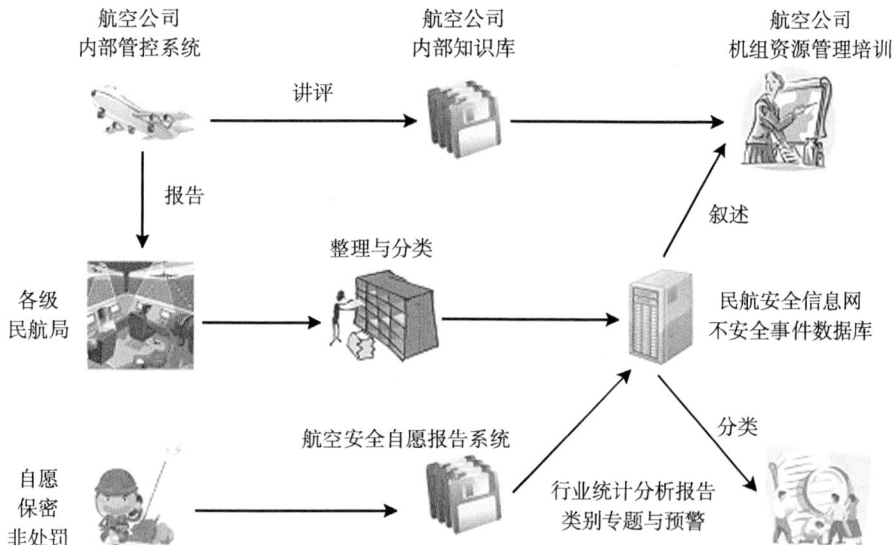

图 3.3　民航产业从事故中学习示意图

由于乘客没系安全带造成的，在之后的讲评会上提出将通过广播"要求"旅客系好安全带改为空乘人员"协助"旅客系好安全带，不系的要帮助旅客系上。同时由运行标准部对飞行手册进行更新，由培训部及时对员工进行相关培训，由安全监察部把这件事情通过一定的渠道，发给各个单位。

　　同时，N 航空公司基于 QAR 系统开展事故防范工作。为了使品质监控更好地为飞行安全服务，N 航空公司的 QAR 译码室每月发布"飞行品质监控情况分析"报告，详细分析当月品质监控的趋势情况和飞行中存在的突出问题、潜在危害等，有的放矢地对各机队提出整改建议，在飞行部每月的安委例会上进行讲评，并以电子邮件形式公布到飞行准备网上供大家参考。

　　（2）民航管理部门事故调查系统。民航产业具有完备的事故调查制度。一旦发生事故，中国民用航空总局和民航地区管理局负责组织调查及相关工作。根据《民用航空器事故和飞行事故征候调查规定》[161]，事发所在地的地区管理局应当以书面形式向民航总局事故调查职能部门报告，报告内容包括：

- 事发的时间、地点和航空器运营人

- 航空器类别、型别、国籍和登记标志

- 机长姓名，机组、旅客和机上其他人员人数及国籍

- 任务性质，最后一个起飞点和预计着陆点

- 事故简要经过

- 机上和地面伤亡人数，航空器损坏情况

- 事故发生地点的地形、地貌、天气、环境等物理特征

- 事故发生后采取的应急处置措施

- 危险品的载运情况及对危险品的说明

- 报告单位的联系人及联系方式

- 与事故有关的其他情况

根据事故级别，中国民用航空总局或民航地区管理局负责组建事故调查组，调查员需要在航空安全管理、飞行运行、适航维修、空中交通管理、机场管理、航空医学等专业领域具有丰富的工作经历，有较高的专业素质，对民航主要专业知识有广泛的了解。调查组组长负责组织编写调查报告草案，具体包括下列基本内容：

- 调查中查明的事实

- 原因分析及主要依据

- 结论

- 安全建议

- 必要的附件

- 调查中尚未解决的问题

调查报告草案经审议后决定是否进行补充调查或者重新调查。调查报告经国务院或者民航总局批准后调查即告结束。这些调查报告中包含了大量飞行事故经验教训，民航总局会根据不同的权限将调查报告内容向民航系统中各级部门开放，以便获取相关经验。

（3）航空安全自愿报告系统。航空安全自愿报告系统是指报告者自愿报告自己在工作中的失误或者潜在的安全隐患，报告受理单位通

过及时发布安全信息和指令，将工作中的无意失误转化为对集体、团队和组织的贡献，以达到提高系统安全性和安全风险预警的效果。航空安全自愿报告系统是航空安全信息收集渠道之一，它虽然不能替代正式的事件报告体系，但却是对其他航空安全事件报告体系的重要补充，在增加信息量和增强信息可信度方面具有重要意义 [162,163]。

自愿报告系统的运行具有自愿性、保密性和非处罚性三项基本原则 [164]。自愿性：提交给自愿报告系统的报告完全是报告人的自愿行为，自愿性是信息可靠性的保证。保密性：自愿报告系统承诺对报告中涉及的个人识别信息保密。实施保密性原则的目的是避免对报告人以及报告涉及的组织或个人造成不利的影响，最大限度地消除报告人害怕处罚、丢面子、影响提职、影响评奖以及怕影响集体荣誉的心理。非处罚性：自愿报告系统不具有任何处罚权。系统受理的报告内容既不作为对报告人违章处罚的依据，也不作为对其他所涉及人员和涉及单位处罚的依据。

因此，自愿报告系统能收集大量来自飞行员、管制员和维修人员等一线人员的有关报告，及时发现航空系统中可能被有意隐瞒的安全隐患和薄弱环节，为航空安全管理提供决策支持。

3.3.2 经验叙述

中国民用航空局将事故调查结果汇总并保存在中国民用航空安全信息网中的国内不安全事件数据库中。数据库中每项不安全事件均包括一段叙述，包括事件的时间、地点、人物、起因、经过和结果，以及导致事件发生的各种情境因素，如天气和地面条件等。本小节中笔者从数据库中直接摘录了两起发生于 2011 年的不安全事件的叙述文本，以展示民航产业对于偶发事件的叙述结果。

（1）事件内容叙述示例 1。2011 年 1 月 9 日，B737-800 执行深圳—贵阳航班。飞机于 18：53 向放行管制报告准备好，放行管制回答地面流控等待通知。19：43 地面管制指令：可以推出。机组按程序完成开机前检查单，飞机推出后机组正常启动发动机。发动机启动完成，左座与地面联系，并发指令：襟翼 5，滑行前检查单，此时右座正与管制通话。随后机组完成滑行前检查单。19：56 塔台指令：跟落地飞机进跑道，做好立即起飞准备。得到许可后，机组完成起飞前检查单，进入跑道。在得到起飞指令后，左座加油门到 N140，按压 TO/GA 按钮，油门前推，出现形态警告。左座立即收油门，警告消失，检查减速板卡位，并用力向下按，然后重新前推油门，再次触发警告。左座发口令中止起飞，并收回油门，人工刹车，此时速度 30 节，并报告管制。机组告知管制，因触发起飞形态警告，需脱离。在转弯脱离时，左座口令：注意着陆后的程序，右座完成相应动作程序。滑回后，经地面检查未见异常，补加燃油后，重新请示管制，于 21：08 起飞，22：33 贵阳安全落地。

可能原因如下：①在启动好发动机后，机组没有按照 FCOM 正常程序放出襟翼 5 是导致这次事件的主要原因；②在获准塔台进跑道的指令后，机组没有严格落实起飞前检查单制度，未及时发现襟翼没有放出，错失检查纠正的时机；③当第一次出现起飞形态警告后，机组未能对出现起飞形态警告原因进行准确判明，是触发第二次起飞形态警告的原因；④整个事件中，CRM 管理缺失，在面对时间压力和运行干扰的情况影响下，机组未能严格按照 FCOM 程序执行，抗干扰能力偏弱；⑤整个事件中，机组安全意识薄弱，特别是在处理安全与运行正常方面，没有把安全放在首位，而是表露出急躁的心理，飞行作风不严谨，给运行带来安全隐患，是事件发生的深层次原因（资料来源：中国民用航空安全信息网，国内不安全事件数据库）。

（2）事件内容叙述示例 2。2011 年 12 月 1 日，一架 B737-700 飞机执行万州至广州航班，在广州管制区域中断通信联系。事件发生后，公司立即启动调查程序展开调查，召开机组会议，并对相关飞行数据及舱音记录器进行了译码分析。

可能原因如下：①在航班飞行过程中，机组飞行作风纪律散漫，安全意识淡薄，虽然机组有 3 名成员，但在巡航阶段，驾驶舱内只有两名机组成员的情况下，机长即进入休息状态，违反了公司运行手册 3.2.9 驾驶舱有控休息的规定，没有进行飞机监管权的交接，在座副驾驶也没有认真进行通信守听，整个机组的岗位职责均未得到有效落实；②机组违反公司运行手册 10.29.9 机组驾驶舱通信的要求，机长在爬升阶段摘下耳机，121.5 的监听音量过低，致使在中断通信期间，机组未听到管制和其他飞机多次通过 121.5 的呼叫，同时副驾驶对 4 字开头的航班号不敏感，没有意识到 128.1 中的呼叫是在叫自己；③闭环管理不到位，继公司多次提出防止通信中断的要求后，分公司飞行部虽通过多种方式传达了公司对无线电通信的要求，也修订了防止通信中断的措施，但对于飞行人员执行各项要求和措施的落实情况没有及时跟踪检查（资料来源：中国民用航空安全信息网，国内不安全事件数据库）。

上述这些叙述文本可为各类培训和讨论提供原始的资料。例如，N 航空公司开展的机组资源管理（Crew Resources Management）培训就是基于经验叙述，将典型案例原景重现并分析成败，以使机组人员有效、充分、合理、正确地利用一切可用资源，提高机组人员安全、顺利地完成其飞行任务的能力。

3.3.3　经验分类

在《民用航空安全信息管理规定》附属的民用航空飞行不安全事件最终报告表中[139]，事件类型被分为 24 个类别，具体包括：冲出/偏出跑道、跑道外接地、可控飞行撞地/撞障碍物、飞机失控、空中相撞、空中解体/爆炸/失火/冒烟、低于最低燃油量、空中停车、跑道侵入、迷航/偏航、危险接近/飞行冲突、鸟击、雷击、仪表飞行低于安全高度、加注错燃油/滑油起飞、重心超过限制、超过限制重量起飞/着陆、低于 MEL/CDL 起飞、偏出滑行道、擦尾/擦发动机/擦翼尖、仪表飞行违反进离场程序、系统失效、外来物击伤、其他；事件原因类型被分为 8 个类别，具体包括：机组、机务、机械、空中航行管制、空中交通管制、民航航务管理、地面保障及其他。

根据上述分类以及《中国民航不安全事件统计分析报告（2011 年）》中提供的数据，本书给出了 2011 年民航产业一般事故主要类型组成图和 2011 年民航产业一般事故原因组成图（图 3.4 和图 3.5）[110]。另外，根据上述分类，国内不安全事件数据库将上一小节中的事件内容叙述示例 1 在事件类型上归为系统失效类，在事件原因上归为机械类。将上一小节中的事件内容叙述示例 2 在事件类型上归为通信中断类，在事件原因上归为机组类。

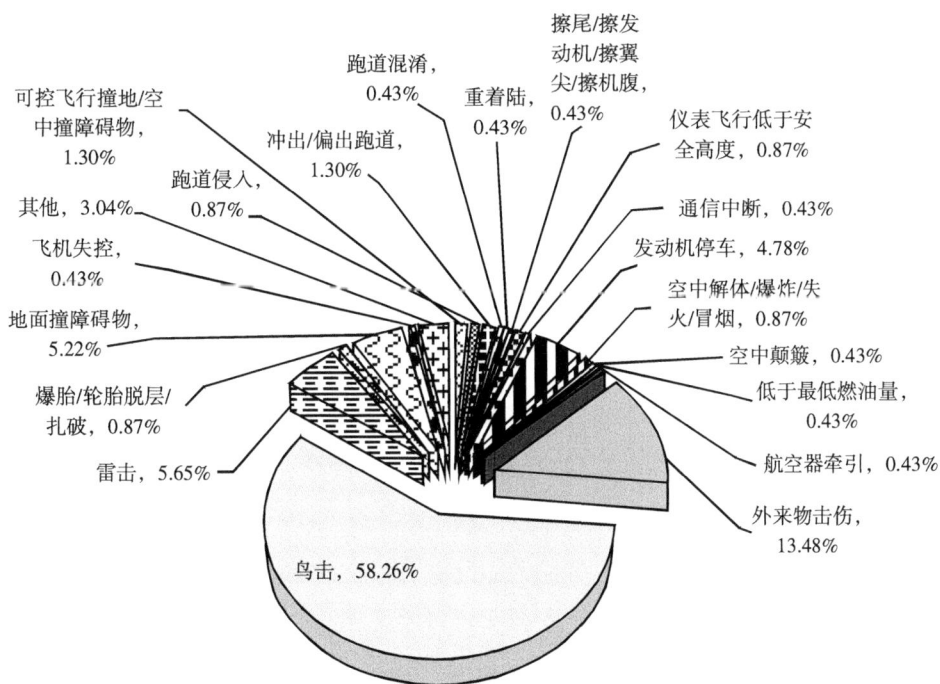

图 3.4　2011 年民航产业一般事故主要类型组成图

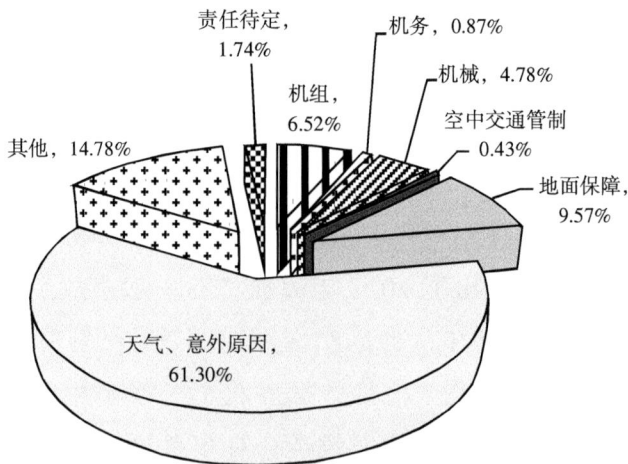

图 3.5　2011 年民航产业一般事故原因组成图

分类的目的是使组织成员能够根据已有的经验类别找到对应的知识和有效应对措施。例如，《中国民航不安全事件统计分析报告（2011年）》有专门的章节来开展"主要安全风险专题分析"和"主要安全风险预警"[110]。将一年中发生的同一类别的事件进行综合分析，以发现问题所在。同时根据以往的经验预测可能会在近期多发的事故类别，以便组织及早进行防范。

国内不安全事件数据库对事件类型和原因上分类的一个不足之处是将事件仅仅归为单一类别。以 3.3.2 节中的事件 1 为例，数据库中将其在事件原因上归为机械类，但通过阅读叙述文本，本书发现机组人员同样有很大问题。同理，对于事件 2，数据库中将其在事件原因上归为机组类，但公司的管理疏漏同样是导致事故的重要原因。因此，对于一部分简单事件可以用单一类别来表示原因，但对于相对复杂的事件来说，其原因通常来自多个方面，如果仅将事件归为单一类别则会造成其他类别信息损失，影响根据经验类别来开展学习的成效。在这方面，美国等发达国家的做法相对成熟，即将同一事件归为多个原因类别，具体做法本书将在后续章节的实证部分详细阐述。

3.4　本章小结

　　本章提出，组织从偶发事件中学习应依照叙述、分类、编码和解析这 4 个步骤来开展。叙述是指对偶发事件的各种构成要素进行详细的介绍，包括事件的时间、地点、人物、起因、经过和结果，而且还包括导致事件发生的各种情境因素。叙述以及在叙述过程中形成的文本是对组织开展从偶发事件中学习的基础。分类是对已在组织中形成共识的叙述内容进行深度挖掘的过程，其以通用和客观的标准将事件归纳为一个或多个类别，以便分析某一类别经验的共性和应对策略，使组织成员能够根据已有的经验类别找到对应的知识和有效应对措施。编码是指在对经验进行叙述描述和定性分类的基础上对经验进行量化处理的过程。编码一方面使组织能够方便地借助信息技术手段（如知识经验管理系统）来检索经验，另一方面则是在经验之间建立连接并进行定量分析，在跨越时间和空间的不同事件之间彼此建立连接，激发组织成员从全新的视角进行思考，以便更加深入地反映决策与绩效之间的因果关系，并对已有的实践方式赋予全新含义，创造出新颖有效的行为方式。解析是指在抽象层面对已经编码经验的内在属性进行深度分析。解析过程关注的重点已经从某一或某几个特殊事件转为某一组事件所具有的潜在特性（如异质性、重复性和一致性）。本书将在后续章节详细论述如何对已编码的经验进行解析，以及这些潜在特性如何影响组织从偶发事件中学习的过程和成效。

　　为反映现实企业开展从偶发事件中学习时所采取的实践方式，本章以 3M 公司和民航产业作为两个案例进行深入分析。3M 是一个典型的学习与创新型企业，在公司明星产品——报事贴的发明过程中，粘贴剂的发明者将粘贴剂的特性制成了一份详细的故事叙述，并不厌其烦地与他人进行交流与分享，促进其在组织内持续地进行传播，从而使其他的组织成员在 5 年后偶然间找到了粘贴剂的实际应用之处。虽然叙述在 3M 公司发明报事贴中扮演了重要角色，但却是通过人际互动来进行传播的，并且通过群体交互记忆在组织中存留，这种做法虽然保证了叙述生动形象但是传播效率低下且容易被组织遗忘。为了解决这一问题，本书引出了民航产业从偶发事件中学习的案例。

安全事故对于民航产业来说是偶发事件，从已经发生的事故中吸取经验教训，以降低今后发生事故的可能性对于民航产业来说具有重要的现实意义。本书介绍了民航产业如何获取经验并对其进行分析和整理，从而形成经验叙述和经验分类，并最终存储在行业数据库中的过程。可以说，民航产业的上述做法代表了当前组织从偶发事件中学习的最高水平，但是即便如此，航空产业仍然在持续地犯着相同或相似的错误。如何解决这一问题是本书后续的主要工作。

本书认为，对经验本身发掘不足是造成这一问题的重要原因之一。从本章的案例中可以发现，一部分企业已经在一定程度上形成了对于偶发事件的叙述和分类，但企业对于经验叙述的应用基本限于作为典型案例开展培训，对于经验分类的应用限于从某一类别的经验中寻找共性以提高之后的反应速度和决策效率。组织缺乏在对经验进行叙述和分类的基础上对经验进行深度挖掘的指导思想和实践方法。在对 N 航空公司高管的访谈中也印证了上述分析，航空企业并不缺乏经验数据，关键是缺乏一套科学实用、由浅入深的经验利用方法。

"飞机所有的状态轨迹都全部被记录下来了，自动评价系统，几级事件（3 级就开始调出来分析），对普遍性的系统，有整体的分析，对某一个事件的概率，经过一段时间进行提取。数据很好提取。中国民航有很多的空白，有非常大的财富在里面。

18 个分公司各做各的 QAR，更进一步，如果三大航空公司统一来做，就能对整个行业进行把握了。被行业认可的标准软件，但需要一个理论，必须能说清楚这个东西是什么，我怎么去做，才能形成工具，

所有的人才能用这个标准。中国要制造大飞机必须有这个东西。"(资料来源：N 航空公司高管访谈)

　　本书的后续章节主要论述如何在对经验的叙述和分类的基础上对经验本身进行深度发掘。本书强调对事件经验进行多类别编码，尽量减少编码过程中的损失，并在编码的基础上分析经验的异质性、重复性和一致性这 3 种内在属性，挖掘这 3 种经验属性对于组织从偶发事件中学习的影响，以及探索组织如何以此为工具切实提高组织从偶发事件中学习的成效。

第4章　经验属性对组织从偶发事件中学习影响的理论模型

从第 2 章的理论回顾中可以发现，虽然经验是组织学习的源头，但经验本身的属性却未在组织从偶发事件中学习领域的研究中引起足够重视。同时，从第 3 章的案例分析可以发现，当前组织需要一套能够对经验的内在属性进行深度挖掘与分析的理论体系和实践方法。为了填补理论和实践两方面的空白，本章将聚焦于从偶发事件中获得的经验本身，提出经验属性对组织从偶发事件中学习成效影响的理论模型，并详细阐述组织从偶发事件中学习的前因、过程和成效。一方面回答经验属性如何影响组织绩效，另一方面也为组织在对经验进行叙述和分类的基础上深入开展编码和解析奠定理论上的基础。

4.1　理论模型概览

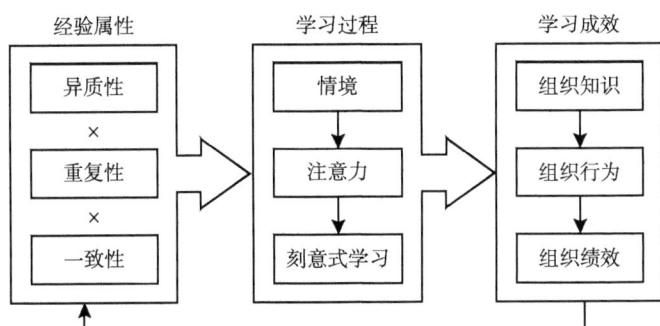

图 4.1　经验属性对组织从偶发事件中学习成效影响的理论模型

本章提出经验属性对组织从偶发事件中学习影响的理论模型（图4.1）。模型的前因是经验属性，包括异质性、重复性和一致性。从偶发事件中获得经验的这 3 种内在属性能够影响组织从偶发事件中学习的过程，具体如下：经验属性可以营造一种激发组织学习的情境，这种特殊情境会使组织的注意力集中到偶发事件上，成为组织开展刻意式学习的动力。模型的结果变量是组织从偶发事件中学习的成效，具体包括组织知识、组织行为和组织绩效。刻意式学习能够促进对知识进行编码，即首先改变组织知识。在组织知识变化的作用下，组织的实践方式（组织行为）发生改变并最终反映在组织绩效上。同时，组织从偶发事件中学习的成效又会反过来影响经验的 3 种属性。本章将对这一过程进行详细阐述。

4.2 组织从偶发事件中学习的过程

4.2.1 情境

Johns（2006）将情境（Context）定义为影响组织行为的形成、释义以及相互关系的机会和约束 [165]。情境被认为是影响学习行为和结果之间关系的重要因素。也就是说，正确的学习行为加上适合的组织情境才能提高绩效结果。根据情境对组织学习影响程度，现有的研究可以分为两派观点。

一派基于认知情境理论（Situated Cognition Theory）认为认知和行为只有在特定的情境中才能发生 [166]。例如，Argote 和 Miron-Spektor（2011）提出经验、知识和情境是组织学习过程的 3 个重要因素。情境可分为环境情境和组织情境。环境情境是指组织边界之外的影响因素，例如竞争对手、合作伙伴、客户和行业监管部门。环境情境是组织间接经验的主要来源，因此会影响组织经验的获取。组织情境是指组织自身的一些特征，可再分为主动（Active）情境和潜在（Latent）情境。主动情境是学习发生的场所，包括成员、工具和任务等组织基本要素。潜在情境包括认同、信任、文化等因素，其会影响主动情境。知识不但可以嵌入主动情境，也可以嵌入潜在情境。知识嵌入组织情境的同时也在改变组织情境，进而影响后续的经验获取方式和类别。此外，组织知识也可嵌入产品和服务流出组织进入环境情境。因此，经验、知识和情境三者之间的关系归结为：情境与经验的互动（Interaction）产生了知识，情境又是连接现有知识和将来经验的桥梁[31]。

另一派基于权变理论（Contingency Theory）认为情境调节经验和结果之间的关系。例如，Lapré 和 Nembhard（2011）提出情境是影响组织学习曲线的重要因素[91]。作者用 5 个 "W" 来反映情境的 5 个重要维度，即谁（Who）、做什么（What）、地点（Where）、时间（When）以及为什么（Why）。当组织各级成员（高层领导、团队领导和一线员工）（Who）都以实际行动支持，在多个地点同时开展（Where），学习的同时进行反思（When），并且以质量改进为目的（Why）时，组织学习活动（What）对学习速率的积极影响最大。

在这两派观点的共同作用下，一系列影响组织学习的情境因素被识别并加以研究。具体包括：组织的结构（Structure）[167,168]、联盟（Alliance）[117]、权力关系（Power）[169,170]、社会网络（Social Network）[171,172]、学习导向（Learning Orientation）[173]、心理安全氛围（Psychological Safety）[174]，组织在业务类型[124]、地域划分[175]、人员结构[82] 上是单一（Specialist）还是多元（Generalist），以及组织成员的动机（Motivation）[176]、情感（Emotion）[177]、社会认同（Social Identity）[178,179] 以及收到的绩效反馈（Performance Feedback）[180~182]。

上述情境因素均是从组织的角度提出的，反映的是组织自身的特征、组织成员的特征以及与组织相关的其他组织的特征。但实际上，在组织从偶发事件中学习的过程中，某一个或某几个事件发生的时间、地点、原因以及所涉及的组织等要素均可构成触发组织学习的情境。这是因为偶发事件能够通过改变情境来影响组织的注意力焦点，进而调整组织注意力的结构，使组织注意力分配到与偶发事件相关的议题和答案上。例如，已有研究将行业放松管制法案的悄然出台作为触发组织注意力改变的偶发事件，由此证明产业环境能够通过影响企业管理者的注意力焦点进而改变组织的发展战略及对战略做出反应的速度[183,184]。此外，情境还被认为是影响组织学习过程的重要因素。例如，Argote 和 Miron-Spektor（2011）指出，情境不仅可以通过提供互动过程来促使已有经验转换为知识，而且又能通过现有知识积累影响未来经验的获取[31]。因此，情境在组织注意力分配和组织学习中均发挥了重要角色，本书尝试通过情境将组织注意力与组织从偶发事件中学习连接起来。

关于情境的已有研究主要从外部环境情境和内部组织情境两方面开展，但是对组织所面临的问题情境关注较少[185]。然而，问题情境对于组织从偶发事件中学习来说又具有特殊意义。一方面，因为偶发事件通常会给组织带来负面效应，所以偶发事件能够营造问题情境，为组织提供学习的外在动力。偶发事件发生前，组织倾向于维持当前的正常运营状态，认为并不需要做出调整和改进。这种正常状态持续越久，组织越可能盲目自信，随之组织对环境的感知能力就越弱[186]。偶发事件的发生会给组织的正常运营造成强烈冲击，所以组织及其决策者的第一反应总是在惊诧"这怎么可能发生呢"。为了尽快解决问题并恢复正常运营，组织通常会在短期内将注意力集中于此偶发事件，以便查明问题原因并提出解决办法[187]。此外，该问题情境可以作为组织重要的学习契机，帮助组织冲破变革障碍，在组织战略和结构等方面做出重大调整[188]。例如，因产品生产过程不合规范而丢掉美国市场的销售许可后，著名制药公司诺和诺德（Novo Nordisk）通过暂停生产来集中应对这一偶发事件，其不但建立了全新的质量管控机制，而且深入反思发现自身存在过分自信和层级障碍等深层管理问题，并且有针对性地重新设计了公司的内部管理体系[4]。而巴尔的摩铁路博物馆针对屋顶坍塌这一特殊事件进行案例研究，提出这一特殊的偶发事件能够通过 3 种途径来触发组织学习：首先，偶发事件是对已有经验的审计（Audit），事件中暴露的弱点和潜在问题被凸显出来，并成为组织开展新学习行为的目标；其次，偶发事件能够强化组织惯例（Routine），对偶发事件进行解释的过程为组织提供了对惯例进行再造的良好机会，新的惯例能够更快速高效地应对将来的偶发事件；最后，偶发事件重新塑造了组织认同（Identity），组织从偶发事件中学习，尤其是在回答组织是谁（Who it is）、知道什么（What it Knows）、什么时候发生（When it Sees）以及可做什么（What it Can Do）等一系列问题过程中，组织会对自身进行重新定义[113]。

另一方面，Johns（2006）提出，情境可以是某一个特殊事件（An Event），也可以是几个典型事件的有序组合（A Configuration or Bundle of Stimuli）[165]。虽然偶发事件极少发生，但是在一定程度上会与之前发生的偶发事件之间存在内在联系，多个看似孤立且零散的偶发事件不仅在内容维度上具有相似性，而且在时间维度上具有重复性，因此偶发事件的累积能够强化问题情境，为组织提供学习的内在动机。例如，2003 年 2 月 1 日，哥伦比亚号航天飞机在即将返回地面前 16 分钟在半空失事，机上 7 名航天员全部遇难。哥伦比亚号航天飞机失事原因，是一块在航天飞机外储箱的绝缘泡沫于发射时脱落，泡沫残骸击中航天飞机左翼前缘，导致航天飞机的隔热系统受损。当航天飞机返航时，高温气体从左翼裂缝灌入导致局部结构失效，哥伦比亚号航天飞机最终因气动力学解体。事实上，2002 年 10 月 7 日亚特兰蒂斯号航天飞机发射时发生了几乎相同的绝缘泡沫脱落问题。在发射升空后 33 秒，与造成哥伦比亚号失事相同位置的泡沫脱落，泡沫残骸击中并损坏了一个连接航天飞机固体火箭推进器与外部燃料箱的环状结构。但是这次损伤并未对航天飞机发射和安全返回地球造成影响。虽然在亚特兰蒂斯号航天飞机安全返航之后，泡沫脱落问题曾在美国太空总署的内部会议上被提出，但这并未被认定为一个严重问题，不需要影响之后的发射。直到哥伦比亚号发射，关于亚特兰蒂斯号航天飞机泡沫脱落事故的调查还没有完成[189]。通过将哥伦比亚号与亚特兰蒂斯号这两个典型事件进行联合分析，哥伦比亚号事故调查委员会认为，之前的成功经验使美国太空总署的管理者信心膨胀，在一定程度上忽视了泡沫脱落对安全飞行的影响，高估了自身管理风险的能力[39]。这两次相关偶发事件的叠加促使美国航空航天局快速查明事件原因并进行技术改进，而且对组织制度和文化进行了深刻反思，发现并解决了缺乏安全意识、不重视工程人员、不愿承认失败等方面的问题[186]。

从上述两个例子可以看出，因为偶发事件通常会对组织造成较大的影响，所以某一偶发事件本身可以成为一种激发组织学习的情境。同时，当前事件与某历史事件存在一定程度的相关性时，多个事件共同构成的情境能促进组织发现行为和结果之间的连接，有助于从经验到知识的转化。已有研究更多关注单一偶发事件所触发的问题情境，忽视了多次相关偶发事件的叠加对问题情境的强化效应。针对这一不足，本书引入了组织注意力视角，提出问题情境不仅能够影响组织注意力分配，而且能够提高组织注意力质量，使组织持续且多角度地解读偶发事件，触发组织的刻意式学习行为，进而增强组织从偶发事件中获取经验的能力以及将偶发事件经验转化为组织知识的能力。

4.2.2　注意力

偶发性事件所营造的特殊情境会吸引组织的注意力。注意力（Attention）这一概念最早由卡内基学派的代表人物 Simon（1947）引入管理学研究，用于解释组织决策中的有限理性行为，其核心观点是人类有限的注意力限制了追求理性的能力[190]。之后，Ocasio（1997）提出了注意力基础观（Attention-Based View），并把组织注意力定义为组织决策者将时间和精力用于关注、编码、解释和聚焦与环境相关的议题和答案。其中，议题（Issues）表示有助于理解环境的各类集合，包括：问题、机会和威胁。答案（Answers）表示备选方案的各类集合，包括：计划、惯例、项目和程序[141]。注意力基础观认为，组织是将注意力进行结构性配置与管理的系统。首先，因为注意力资源相对有限，组织及其决策者在任何时候都只能有选择性地关注一部分议题和答案，而忽视另外一部分议题和答案。其次，组织及其决策者关注哪些议题以及做出何种决策取决于组织所处的内外部情境。也就是说，组织的注意力焦点是由其所在的情境决定，进而通过情境化的注意力最终影响组织行为。最后，组织及其决策者对所处情境的理解取决于注意力在组织中的结构化分布，如组织的业务流程和沟通渠道等特征。也就是说，组织或管理者仅会关注突出（Salience）且相关（Relevance）的问题。组织管理者一旦开始参与解决某一重要问题，那么其对其他问题的关注度将会降低，即注意力可以在不同问题上动态分配[143]。同时，组织也会通过结构设计使各部门和层面分别关注不同的问题，降低单个部门或层面注意力的负担[145]。这种将分散的注意力进行动态分配的机制保证了组织既可以快速准确地做出决策，又可以保证组织能够将注意力集中在少数关键问题上，降低次要问题的干扰。因此，组织的注意力基础观将组织关注的议题和答案、注意力结构、流程和沟通渠道等因素整合了起来，强调决策者、组织以及内外部情境之间的交互影响，通过注意力在组织中的动态配置来提高组织的适应能力[142]。

受卡内基学派和注意力基础观的影响，注意力是组织稀缺资源的观点得到了后续研究的广泛接受，如何将有限的注意力资源在组织内部进行最优分配成了当前该领域的热点话题。换句话说，组织内部和外部的各种议题都在争夺组织的注意力资源，组织注意力分配问题的实质已成为不同议题对注意力的竞争。然而，组织只能将有限的注意力聚焦于某些优先级较高的议题，同时有选择地忽略掉优先级较低的议题，由此不可避免地会形成一种认知上的盲区。为了使组织注意力能够有效聚焦于重要议题，学者们开始集中探讨究竟哪些内外部因素能够吸引组织的注意力，以及为什么注意力会聚焦于某些特定的事件或现象上。随着研究的深入，学者们逐渐认识到，即使组织注意力聚焦于某些议题也并不能确保得到行之有效的答案。这是因为组织虽然可能注意到了这些议题，但对其中的潜在信息还未做深入解读的情况下就将其选择性忽视了，转而把注意力投向了其他议题。也就是说，组织决策质量不高一方面是因为有限的注意力资源造成了认知能力盲区（Limited-Capacity Blindness），另一方面是因为组织主动性地忽视某些潜在信息而造成了自我强加盲区（Self-Imposed Blindness）[191]。为此，Weick 和 Sutcliffe（2006）提出了组织注意力质量（Quality of Organizational Attention）的概念[149]。其中，专念（Mindfulness）成为决定组织注意力质量高低的核心特征。具体而言，专念可以使组织在决策过程中强化对细节的辨识、对微弱线索的侦测以及对情境的多角度感知，从而更深层次地理解问题的实质，打破无意识间形成的组织惯例。因此，高质量的组织注意力可以确保组织不会贸然将某一事件归为熟悉的类别，而是尽量发现该事件的独特之处并对其进行深入解读。这些独特之处往往预示着潜在的问题，高质量的注意力可以使组织在问题的萌芽阶段及时进行纠正，防止问题发展到无法控制的地步，并对组织造成无法挽回的损失。

偶发性事件可使组织重新分配注意力，并且表现出专念特征。Rerup（2009）提出，偶发性事件迫使组织将一部分管理资源从日常活动（Routine Activities）转移到这些吸引注意力的特殊事件上。虽然在多数情况下，这部分转移的资源仅被用来对偶发事件进行例行处理，但组织有时也能从这些偶发事件中总结出一些经验和教训，以便在今后对类似事件做出更快更有效的反应[4]。组织将注意力集中在某个或某几个偶发事件上有助于防止此类事件再次发生。一方面，组织注意力将改变组织的认知能力，使组织快速准确地识别出问题所在，更易于识别出微弱线索（Weak Clue）[4]；另一方面，组织学习将从无意识的（Less-Mindful）行为变为有意识的（Mindful）行为[147,149]，将从自动或半自动的行为变成主动的行为。这种主动的有意识的学习行为被称为刻意式学习。

4.2.3　刻意式学习

组织开展刻意式学习的动力来自偶发性事件所引发的高度关注（Attention）[1]。刻意式学习（Deliberate Learning）最早由 Zollo 和 Winter（2002）提出，他们认为学习机制分为两种：一种是自发性学习（Autonomous Learning），即学习者在任务重复的过程中自动积累经验（Experience Accumulation）的过程。这种机制应用于执行操作惯例。另一种是刻意式学习，指学习者通过有意识地修改操纵惯例来提高绩效，体现了组织的动态能力，包括知识连接（Knowledge Articulation）和知识编码（Knowledge Codification）[156]。也就是说，刻意式学习是学习主体有计划地获取、创造和应用新知识的过程，反映了学习主体的主观学习意志，其目的是回答事件为什么发生（Why）以及如何发生（How），而不仅仅是哪个组织（Who）发生了什么（What）。

从知识管理的角度来看，刻意式学习对经验学习的作用体现在以下两个方面：一方面，刻意式学习促进组织对隐性知识进行编码。偶发性事件中原因和结果之间的关系模糊，这造成组织从偶发事件中学习十分困难，刻意式学习有助于对学习过程进行连接和编码，促进经验分享，进而理清因果关系，提高决策质量和绩效水平。另一方面，刻意式学习有助于对已有的知识编码进行修正和对编码过程进行反思。刻意式学习能够克服经验累积的负面效应，降低盲目式（Superstitious）学习对组织绩效的负面影响，防止组织进入能力陷阱[1]。

刻意式学习行为（Deliberate Learning Activity）包括多种形式。

Zollo（2009）提出在企业并购中刻意式学习表现为事后的报告（Debriefing）和反思[111]。例如，组织成员事后分享他们在面对偶发事件时曾采取过哪些应对措施、编制和更新操纵手册、成立专门负责此类事件的机构以及开发决策支持系统等。Madsen（2009）提出为防止煤矿事故再次发生，企业和政府均投入了大量资源对灾难进行调查，以便从中吸取经验教训[3]。Arthur 和 Huntley（2005）以收益分享计划（Gainsharing）为研究对象发现刻意式学习对绩效改进具有积极影响。在收益分享计划中员工被鼓励提出能实现绩效改进的建议（Employee Suggestion Program），这一刻意学习机制有助于将组织成员的隐性知识转化为组织的显性知识[192]。类似的实践形式还有工艺改进（Engineering Change）和培训课程（Training Sessions）等[193]。

4.3 组织从偶发事件中学习的成效

从第 2 章的文献综述部分可知，学者们普遍认为组织学习是一个将经验转化为知识的过程，组织学习的实质是组织知识的改变，这种改变是伴随着组织获取经验而发生的。虽然组织知识与组织绩效之间呈现正向关联，但通常组织绩效并不是由组织所具有的知识来表示的，组织管理者更关注的是生产效率、生产成本、产品质量和服务水平等这些更加显性的测量指标。而且在组织管理研究中，由于知识本身不易于测量，学者们也更倾向于用组织绩效的改变来反映组织知识的改变。因此，本书将绩效作为反映组织从偶发事件中学习成效的最终指标。本小节将探索组织学习过程，尤其是刻意式学习过程如何创造知识、改变行为并最终影响组织绩效水平。

4.3.1　组织知识

虽然很多学者都提出组织能够通过学习创造有用的知识[30,31,194]，但迄今为止只有两篇文献对学习行为和知识创造之间的关系进行了实证检验[91]。第一篇将学习和知识联系起来的是 Lapré 等（2000），以一家钢丝制造厂 10 年内开展的 62 个全面质量管理项目为样本开展的学习曲线研究。Lapré 等认为刻意式学习过程可引发两种学习：概念性学习（Conceptual Learning）和操作性学习（Operational Learning）[107]。概念性学习是指对原因和结果（Cause-Effect）之间的关系进行深入理解的过程，所获得的知识是知道为什么（Know-Why）；操作性学习是指对行为和结果（Action-Outcome）之间的关系进行验证的过程，所获得的知识是如何做（Know-How）。根据这两种学习程度的高低的二维组合，他们将全部质量改进项目分为 4 种不同的知识创造类型，并且分别对应获得 4 种不同的知识。然后根据知识类型将各类项目的累积数目作为自变量引入学习曲线模型，结果表明在 4 种类型中只有概念性学习和操作性学习均较高时，即同时获得为什么和如何做这两种类型的知识时，知识创造项目对组织绩效有正向影响。他们发现概念性学习有助于对知识进行深入理解，并且能够对操作性学习的结果进行编码。另外 3 种知识创造项目所产生的知识要么难以理解，要么没法在实践中得到验证，因此对绩效没有影响或有负向影响。

第二篇是 Choo 等（2007）以财富 500 强制造企业开展组织学习的横截面数据为样本对学习行为和知识创造之间的关系进行的研究[195]。他们用 188 个六西格玛项目表征学习行为，用产生新方案的数量、独特性以及项目实施后团队成员个人能力的提升来表征知识创造。结果表明，学习行为确实能够增加团队的知识水平。他们进一步通过结构方程模型验证了组织知识在学习行为和组织绩效之间的中介作用。也就是说，学习行为促进了知识创造，组织知识的提升推动了团队绩效水平的提高。

可以看出，上述两篇实证研究的结论都支持了刻意式学习行为能够创造知识，提高组织的知识水平。但上述两篇文章都以组织知识为最终的结果变量，未对组织知识向组织绩效转化的机制进行探索。实际上，组织行为的改变才是组织学习的外在表现形式。下文将探讨组织知识如何影响组织行为，并最终反映在组织绩效改变上。

4.3.2　组织行为

Mukherjee、Lapré 和 Van Wassenhove（1998）使用与 Lapré 等（2000）同样的钢丝厂实施全面质量管理项目的样本表明，概念性学习和操作性学习能够通过影响组织知识来提高项目团队改变行为的能力[196]。项目过程中开展概念性学习和操作性学习越多，组织会将更多的注意力用于审视自身潜在的问题，如改变操作流程和规则。他们认为，概念性学习有助于克服"主观臆断"（Myths），破除改变实践方式（组织行为）的阻力与障碍。而后，操作性学习又为成员提供了需要对实践方式进行改变的进一步证据，因为成员可以通过对感兴趣的变量进行调整来观察实践结果的改变。因此，概念性学习和操作性学习以及这两种刻意式学习行为产生的知识（为什么和如何做）为组织行为的改变提供了基础[91]。

Tucker 等（2007）在 Mukherjee 等（1998）的基础上进一步证明，组织知识不但能够提高组织改变行为的能力，而且能够使行为改变真实发生[197]。Tucker 等以 23 个新生儿加护病房为样本，研究了组织如何通过刻意式学习识别并成功实施全新的实践方法。他们识别出两种学习活动：学习什么（Learn-What）和学习如何做（Learn-How）。学习什么是指识别出最佳实践的学习，学习如何做是指发现新实践背后原理的学习。学习如何做的结果是使团队获得了知道为什么（Know-Why）和知道如何做（Know-How）这两种知识，这两种知识进一步促进了新实践的成功实施，即成员承诺并持续使用新实践。而在医疗保健行业，使用新实践意味着组织行为发生了十分显著的改变，因为大部分的新实践无法得到成功实施。

综合以上研究，刻意式学习行为可以产生"为什么"和"如何做"这两方面知识，在这两种组织知识的作用下，组织要么提高了改变行为的能力，要么使行为改变真实发生。

4.3.3　组织绩效

组织行为的改变最终反映在组织绩效上。Nembhard 和 Tucker（2011）在 Tucker 等（2007）的基础上研究了刻意式学习、行为改变和组织绩效之间的关系[198]。他们用 23 个新生儿加护病房中 2159 个婴儿的风险调整死亡率（Risk-Adjusted Mortality Rate）表示组织绩效，结果表明，在短时间内，刻意式学习会降低组织绩效，然而在两年之后，刻意式学习则会转为正向影响组织绩效。此时，刻意式学习和由经验累积产生的自发性学习对组织绩效的影响程度差别不大。

Nembhard 和 Tucker（2011）的研究同时表明，作为一种重要的行为改变，不同学科背景的群体成员间的合作程度在刻意式学习和群体绩效之间起中介作用。也就是说，刻意式学习促进了新生儿加护病房各成员之间的多学科间协作，从而降低了风险调整死亡率。他们对于这一中介作用的解释如下：首先，学科间协作通过扩大决策选择集合（Decision Choice Set）提高了群体决策质量，从而提高了群体绩效。具体表现在，群体成员从各自学科背景出发提出问题、分享各自的专长，集成多方面的观点，综合考虑替代方案。其次，学科间协作促进了群体内部的协调。在协调基础上群体成员彼此之间形成了交互记忆系统，这有助于群体成员根据彼此业务专长协调工作任务，从而促进组织绩效的提高。最后，学科间协作有助于发现错误并从错误中学习，降低错误对组织绩效的负面影响[91]。

陈国权及其研究团队通过多次大规模的问卷调查证明组织的刻意

式学习行为能够提高组织绩效[199,200]。陈国权（2007）提出组织要想获得持续生存和和谐发展，需要具备发现、发明、选择、执行、推广、反思、获取知识、输出知识以及建立知识库9种能力（行为）。这9种组织行为均与组织绩效相关，同时9种行为之间的协同也会影响组织绩效和可持续竞争力[201]。在此基础上，陈国权和宁南（2010）用反思和推广能力分别表示团队从经验中学习的"知"和"行"两个维度，实证研究结果表明，从经验中学习的知行维度水平越高，团队绩效越好。

此外，很多国内学者探讨了组织学习与组织绩效之间的关系影响。例如，吴价宝（2003）从学习型组织的管理实践角度构建了组织学习能力测度体系，并且揭示出组织学习能力在组织核心能力与竞争优势形成过程中发挥的重要作用[202,203]。谢洪明等（2006）提出组织学习通过影响管理创新和技术创新进而影响组织绩效[204]。陈劲等（2007）验证了技术学习的五方面要素（学习源、学习内容、学习主体、学习层次和学习环境）均会直接或通过影响技术能力，间接影响企业创新绩效[205]。贺远琼和田志龙（2008）的实证研究表明，组织学习可以通过提高企业对外部环境的适应能力而提升企业绩效[206]。苏中锋等（2011）提出组织学习能够调节突变创新和渐进创新与组织绩效之间的关系[207]。曾萍和蓝海林（2011）系统综述了组织学习与组织绩效之间的内在机制，将组织学习与组织绩效之间的中介变量分为观念类、能力类以及行为类3种类型[208]。

综上所述，本书认为组织的刻意式学习行为能够首先改变组织知识，使组织知道为什么（Know-Why）以及如何做（Know-How）。在组织知识的作用下，组织要么提高了改变行为的能力，要么使行为改变真实发生。组织行为的改变最终反映在组织绩效上。同时，组织绩效对经验属性产生反作用。组织绩效的提高会影响未来偶发性事件的发生数量，例如，有害事件会随着学习成效的提高而降低。经验样本规模的改变使组织累积经验的属性随之发生变化。

4.4　偶发事件所含经验的内在属性

由上文可知，某一个偶发事件或某几个相关的偶发事件都能形成一种触发组织学习的情境。此时，需要解决的一个问题是，什么样的事件或事件组合能最大限度地营造出促进组织学习的情境？如何从随机、无序、不可控的偶发事件中找到某种内在规律？为什么不同的事件会使组织采取不同的应对行为，并最终反映在组织的学习成效上？

为回答上述问题，本书提出从偶发性事件中获得的经验具有异质性、重复性和一致性 3 种内在属性，3 种属性各自通过不同的机制影响组织从偶发事件中学习的过程和学习成效。

4.4.1　异质性

异质性（Heterogeneity）表示一定时期内所获得经验的多样和新颖程度。与异质性相关的一个概念是多样化。与多样化（Diversity）相对应的概念是专业化（Specialized），而与异质性相对应的概念是同质性（Homogeneity）。本书认为多样化强调经验的外在表现，如不同工作任务的轮换。而异质性强调经验的内在特性，如某一事件的原因构成。因此，异质性是一种更加深入、更加细致的多样化，且同时具有新颖性。本书后续研究中均使用异质性来反映经验的性质，而仅在组织经验的分类（2.2 小节）中对多样化进行探讨。

关于异质性的早期研究普遍认为经验的异质性具有负面效应，原因是异质性增加了识别因果关系之间的复杂程度。然而近年来发表的从偶发事件中学习的研究表明，经验的异质性具有很多积极效应，具体表现在：异质性的经验能避免短视行为（Myopia），防止自满

（Complacency）和简单化（Simplicity），能促进深入思考并挖掘潜在解决方案，同时降低经验冗余[111]。

Beckman 和 Haunschild（2002）在研究公司间网络结构对并购结果的影响时发现，与企业相连接的其他企业之前并购经验的异质性程度越高，企业的并购行为越成功[127]。他们认为，异质性程度对企业并购行为成功性的正面影响，主要是由于异质性经验有助于提高决策质量，具体表现在：①网络成员多样化的经验为组织提供了富于变化的信息。富于变化意味着事件之间彼此不同，组织能够发现不同的行为会导致何种结果。这一包含了多种行为和结果关系信息的大样本使得组织能够更加准确地推断因果关系。②多样化的经验使组织更多地将注意力集中在已有的信息上，从而使组织将不同事件进行比对，增强组织对事件之间的差异进行深入挖掘的动机。③信息的多样性能在组织内部引发建设性争论（Constructive Conflict），促进刻意性思考（Deliberation），最终提高组织绩效。

Haunschild 和 Sullivan（2002）以 1983~1997 年美国民用航空飞行事故为样本研究了事故原因的异质性程度对组织从错误中学习的影响[124]。他们提出企业自身事故原因的异质性越高（同质性越低），越能降低之后的事故率，主要原因来自以下 3 个方面：①异质的事故原因能促进组织进行深入思考，综合分析多方面信息以发现造成事故的潜在因素；②异质的事故原因能促使人们在分析原因时更加理性和多元，而不是简单地将错误归因于操作人员的失误；③异质的事故原因能激发组织内部产生建设性争论，使组织对事故原因有更加全面深入的理解。以上原因都说明，本企业之前发生事故原因的异质性能提高企业从偶发事件中学习的成效。同时，异质性的优势主要体现在专业型（Specialist）航空公司上，而通用型（Generalist）航空公司更多受益于自身经验和行业经验数量的累积。

Zollo（2009）以美国银行产业发生的兼并重组事件为样本进行的研究表明，企业管理者主观上认为之前开展的兼并活动越成功，管理者越盲目自信，从而造成企业之后兼并行为的绩效结果越差[111]。经验的异质性可以减弱这一负向关系，具体表现在：当原因和结果之间的关系模糊时，具有异质性经验的组织能够降低误判的可能性。这是因为更宽幅度的经验能使组织从多个视角审视问题，提出独到的解决方案，更准确地识别因果关系。

此外，来自基于智能体仿真（Agent-Based Simulation）的证据表明，组织内部的异质性是探索性学习的基础。如果异质性丧失，那么就会导致组织失去改进的可能，从而降低适应环境变化的能力。因此，有不少研究分析了如何通过设计合理的学习策略和恰当的组织结构，使得组织在开展利用性学习的同时又能保持一定程度的内部异质性，以应对环境变化[74,168,209,210]。

综上所述，经验的异质性已经受到学者们的普遍关注，能够基于已有研究归纳出经验的异质性对于组织从偶发事件中学习的影响机制。如果偶发事件经验的异质性程度较高，则有助于营造一种深入思考和建设性争论的情境，使组织将更多的注意力集中在对已有经验进行深度挖掘上，促进刻意式学习行为。因此，经验的异质性程度越高，组织从偶发事件中学习的成效越好。

4.4.2　重复性

重复性（Repeatability）是本书在已有研究基础上提出的另一经验属性。重复性表示一定时期内相似经验多次重现的程度。重复性是建立在相似性基础之上的。经验的相似性强调的是经验的内容维度，而经验的重复性不仅强调经验的内容维度，而且强调经验的时间维度，即事件发生的频率。

事件经验的重复性会影响组织从偶发事件中学习的过程和成效。首先，两个或两个以上的相关事件提高了偶发性事件的发生概率。如果某一事件初次发生，之前并未发生过类似事件，组织管理者会主观认为这是小概率事件，将来再次发生的可能性很低，因此可能将其选择性地忽视。当此事件在之后再次发生时，组织会提高对这一事件的重视程度。同时，相关事件的多次重复将增加组织用于推断因果关系的样本数量，降低偶发事件的模糊性，有利于组织从中进行准确的推断和决策。

其次，事件经验的重复性促进组织进行反思。偶发事件的重复发生，尤其是具有负面效应的偶发事件重复发生，表明不但组织当前的管理制度或流程存在问题，而且说明组织没有从之前的事件中吸取经验和教训，反映出组织学习能力较低等深层次管理问题。根据 Argyris 和 Schon（1978）对于组织学习的分类[211]，相似事件初次发生或发生频率较低时，组织更倾向于开展单环学习，难以突破组织防卫行为。而当相似事件重复发生或发生频率较高时更倾向开展双环学习，发现之前观念或规范等方面存在的问题并进行修正。

最后，具有负面效应的偶发事件重复发生将激发两种促进学习的动机。一种是通过学习总结经验的动机，另一种是通过调查追究责任的动机[39]。本书认为当某一事件初次发生或发生频率很低时，组织主要表现为学习动机。而当相类似的事件重复发生时，组织不但表现出学习动机而且还会表现出追究责任的动机。虽然追究责任的动机会在一定程度上使部分组织成员感受到威胁并在短期内降低从当前事件中总结经验教训的学习热情，但对责任人员的处理会起到长期的警示作用，有助于组织在今后降低发生类似事故的可能性。

因此，重复性相当于在偶发事件与刻意式学习之间起调节作用，这一调节作用是通过情境来实现的。当相似的事件经验重复性高时，组织的学习情境增强，组织根据已有经验开展刻意式学习的动机、能力和行为均得到加强，最终提高组织绩效。由于经验的重复性是本书研究的重点，本书将在后续章节对重复性对组织绩效的影响进行详细的实证检验。

4.4.3　一致性

经验的一致性（Consistency）表示一定时期内所获得经验的内在相关程度。一致性与相似性有所不同，相似性（Similarity）强调从两两事件中获得经验之间的内在关系，而一致性强调从多个事件获得经验之间的内在关系。也可以说，相似性是一致性的特殊表现形式。一致性与异质性的对立面（同质性）也有一定的关系，都是从内容方面强调从某偶发事件获得的经验与其他经验的相似程度，但是二者却有本质不同。同质性是指从某一偶发事件中获得经验的来源、内容和原因等方面的单一程度。部分学者直接使用行业集中度指标（Herfindahl–Hirschman Index）来计算从某一事件获得经验的同质性[125]。而一致性则是表示一组经验之间的内在相似性，是一组经验中两两相关的平均度量指标。无论事件经验的同质性高或低均可以找到与其相似的事件经验。如图 4.2 所示，图的横轴表示不同的偶发事件，纵轴表示偶发事件的原因构成。也就是说，一共有 5 个事件且每个事件可能的最多原因构成是 5 种。图 4.2 中（a）表示，5 个事件的原因相同即一致性高，并且全部事件的原因只有 1 种即同质性高。图 4.2 中（b）表示，5 个事件的原因相同即一致性高，并且全部事件的原因构成有 5 种即同质性低（异质性高）。因此，一致性和同质性是反映经验性质的两个不同维度。

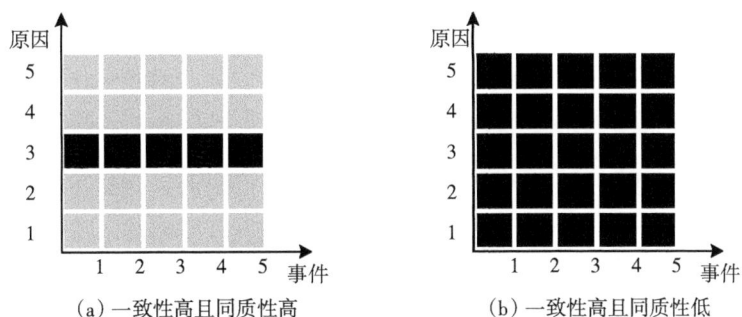

（a）一致性高且同质性高　　　　　　（b）一致性高且同质性低

图 4.2　一致性与同质性的比较

因为经验的一致性也是本书在组织学习领域提出的全新构念，之前并没有专门的研究对其进行探讨，所以本小节仅对已有的与经验相似性有关的研究结论进行简要回顾，从一个侧面反映一致性对于组织从经验中学习的影响。本书后续将用专门的章节来研究经验的一致性对于组织从偶发事件中学习的影响。

与异质性类似，经验的一致性也存在一对矛盾：一方面，前后保持一致有助于将之前积累的经验推广到当前或今后发生的事件上来，提高决策的效率和效果；另一方面，一致的经验容易导致盲目式学习（Superstitious Learning），增加组织进入能力陷阱的风险。例如，Haleblian 和 Finkelsktein（1999）在研究企业并购经验对并购绩效的影响时提出，组织经验的有效性取决于当期发生的并购事件与过去发生的并购事件之间的相似程度[128]。相似度越高，组织越容易将过去并购事件中获得的经验应用到新的并购事件中，并购绩效随之提高。但如果相似度不高，组织将过去并购事件中获得的经验应用到新的并购事件中反而会导致并购绩效下降。

依照 Haleblian 和 Finkelsktein（1999）的研究结论，前后并购事件之间的相似性越高，组织越能从中获利。但后续研究发现，过高的相似度反而对组织的并购绩效有负面影响。例如，Hayward（2002）在研究公司之前的并购经验如何影响公司之后的并购行为时提出，并购事件之间相似性过高或过低均会降低当前并购的绩效[129]。原因是：如果之前的并购事件彼此高度相似，管理者会从这些相似的事件中逐渐总结出一套标准化的操纵惯例，以期待类似并购事件再次发生时能够直接套用已有的经验。在被反复验证有效之后，组织会对这些已有经验形成路径依赖，总是寻求能将之前的成功不断复制的并购机会。在这一过程中，组织探索新的并购机会的能力下降。因此，如果之前的并购事件彼此高度相似，并购管理者将会缺乏发现并购机会的通用技能（Generalist Skills）；如果之前的并购事件彼此毫不相关，并购管理者将会缺乏从各种并购事件中获取经验的专用技能（Specialist Skills）。

从本质上看，上述两篇研究又并不矛盾。Hayward（2002）是从整体经验获取的角度来看，长期获得相似的经验降低了组织从并购事件中总结差异性、特殊性和重要性的能力，从实质上讲是降低了组织从偶发事件中学习的能力。而 Haleblian 和 Finkelsktein（1999）是针对当期发生的某一个具体并购事件，如果组织经历过相似的并购事件，则有利于将之前并购事件中总结的经验应用于当期并购事件，提高当前并购的绩效。

综上所述，经验的一致性会对组织从经验中学习的过程和成效产生影响。从本质上看，正因为偶发性事件间存在一定程度的一致性，组织才有动机开展基于偶发事件的刻意式学习，以期望将总结的经验教训应用于之后的相似事件，提高之后类似事件再次发生时组织的应对能力和绩效水平。但偶发事件的不连续性和模糊性可能干扰组织的刻意式学习行为，使组织过于依赖已有的从之前偶发事件中获得的经验，从而降低组织绩效 [75]。但就某一特定组织经历的特定事件来说，如果自身经历过相似事件或行业内的其他组织经历过相似事件，则有助于此组织应用已有经验来提高当期绩效。

4.5　本章小结

本章提出了经验属性对组织从偶发事件中学习影响的理论模型。模型的前因是偶发事件所含经验的内在属性，本书将其归结为异质性、重复性和一致性：异质性表示一定时期内所获得经验的多样和新颖程度；重复性表示一定时期内相似经验多次重现的程度；一致性是一定时期内所获得经验的内在相关程度。偶发事件所含经验的上述 3 种属性能够影响组织从偶发事件中学习的过程，具体如下：偶发事件及其所包含经验的属性可以成为一种激发组织学习的情境，这种特殊情境会使组织的注意力集中到偶发事件上，成为组织开展刻意式学习的动力。模型的结果变量是组织从偶发事件中学习的成效，具体包括组织知识、组织行为和组织绩效。刻意式学习能够促进对知识进行编码，即首先改变组织知识，使组织知道为什么（Know-Why）以及如何做（Know-How）。在组织知识的作用下，组织要么提高了改变行为的能力，要么使行为改变真实发生。组织行为的改变最终反映在组织绩效上。同时，组织绩效会对从偶发事件中获得经验的属性产生反作用。组织学习成效的提高会影响未来偶发性事件的发生数量，从而使组织经验的属性（异质性、重复性和一致性）随之发生变化。

　　已有的研究已经对经验的异质性进行了大量研究，结果表明在大多数情况下，经验的异质性越高则组织的绩效越好。相比之下，经验的一致性和重复性并未受到关注，两种属性如何影响从偶发事件中学习的过程和成效是一个尚未被探索的议题，下文将用专门的章节来对这些问题进行研究。

第5章　经验的重复性对组织从偶发事件中学习的影响

由第 4 章提出的经验属性对组织从偶发事件中学习成效影响的理论模型可知，经验的重复性能够提高组织对于偶发事件的注意力，促进组织对此类事件开展反思，使组织具有足够的意愿和动机开展刻意式学习，最终提高组织绩效。本章将对这一理论假设进行实证检验。

对此问题的实证检验过程存在 3 个难点：①由于已有的文献并没有对经验的重复性（Repeatability）这一构念进行定量研究，所以本书首先需要找到能够反映经验重复性的显性测量指标，建立经验重复性的测量体系，以便将经验的重复性这一构念进行操作化；②实证检验所需的大样本与偶发事件的稀缺性之间存在矛盾，为了包括足够数量的偶发事件，研究样本需要具有足够的覆盖范围，这对研究样本的选择提出了极高的要求；③经验的重复性中既包含内容维度又包含时间维度，内容维度分析需要对每一个偶发性事件进行细致的分类和编码，而时间维度分析需要对很多时间序列数据和面板数据进行处理。

本章将尝试解决上述 3 个难题，探索组织如何基于直接经验和间接经验、当前经验和历史经验开展从偶发事件中学习，重点研究相似事件的重复发生如何促进组织开展从经验中学习。之后，本书以 1991~2010 年 20 年间美国民航事故为样本进行实证检验。

5.1 研究假设

在上文所提出的组织从偶发事件中学习过程（4.2 节）的基础上，本节提出经验属性与情境的互动机制：组织当前发生的事件触发（Trigger）了组织的刻意式学习，但刻意式学习的成效是由情境来决定的。而情境可以是几个典型事件的有序组合（4.2.1 小节），即当前事件与历史事件共同构成了情境。情境的强弱是由当前事件与历史事件之间的关系所决定的。在一个强情境中，即经验重复性高的情境中，当前事件所引发的刻意式学习程度较高，对组织绩效具有积极影响。在一个弱情境中，即经验重复性低的情境中，当前事件所引发的刻意式学习程度较低，对组织绩效的影响较低。因此，偶发事件一方面触发了组织的刻意式学习行为，为组织从偶发事件中学习提供了机会和动力；另一方面又决定了影响刻意式学习程度的情境，调节组织从偶发事件中学习的成效。而组织知识、组织行为和组织绩效就在这一经验属性与情境的互动过程中发生改变。

重复性本身是一个包含内容和时间等维度的构念，很难用单一指标进行测量，因此本书提出可以通过重复数目、时间间隔和相关程度这 3 个指标来反映经验的重复性。同时，这 3 个指标会分别对组织绩效产生影响（图 5.1）。本书提出这 3 个测量指标的依据主要来自经验的分类（2.2 节）、组织从偶发性事件中学习的过程（4.2 节）以及偶发事件所含经验的重复性（4.4.2 小节），即综合考虑了经验的分类、内在属性和作用机制。虽然这些指标并不一定能够覆盖重复性这一构念的全部内涵，但已经反映了重复性构念的 3 个重要方面，这有助于对经验的重复性进行深入的理解和研究。下文将详细阐述重复数目、时间间隔和相关程度的含义及其对组织绩效的影响机制。

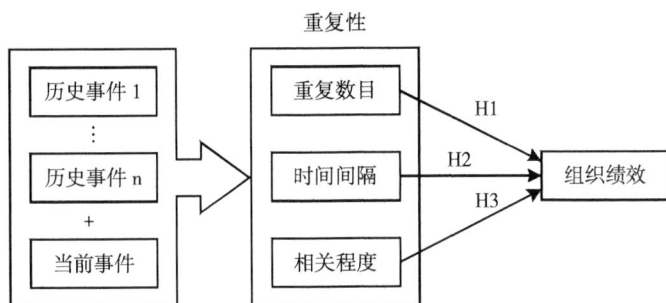

图 5.1　经验的重复性对组织从偶发事件中学习的影响

5.1.1　重复数目

重复数目（Repetition）是指历史上与当前偶发事件相同或高度相似事件的累积数目。相同事件是与当前偶发事件在来源、内容或原因等方面完全等同的事件。相似事件是指与当前偶发事件在来源、内容或原因等方面最为相似的事件。在本书中，如果不存在与当前事件完全相同的历史事件，则以与当前事件最为相似的历史事件的累积数目计算重复数目。

某一偶发事件之前重复发生的数目对于组织绩效改进的影响主要体现在对组织注意力（Attention）的影响上。Rerup（2009）将注意力分为稳定性（Stability）、动态性（Vividness）和内聚性（Coherence）3个维度 [4]。其中与经验重复性相关的维度是稳定性和内聚性。

稳定性是指对于某一问题的持续关注。某一偶发事件之前重复发生的数目越多，越能提高组织注意力的稳定性。在心理学范畴中注意力的稳定性是个人思想意识（Consciousness）的聚焦和集中，反映了个人为有效处理某些重要问题而持续地、有意识地降低对某些次要问题的关注 [212]。与早期心理学研究相一致，在 Ocasio 等提出的注意力基础观（Attention-Based View）中也十分强调注意力的稳定性，他们认为注意力是在长期地、多次地、重复性地持续聚焦少数关键问题中形成的[141,142,213,214]。注意力的稳定性可以使组织集中且深入地理解在这一特殊情境中事件发生的原因（Why）和过程（How），有助于组织从事件中发现潜在的复杂性和危险性[4]，从而使组织持续投入资源开展刻意式学习，以便发现这一事件的因果关系并做出更准确的决策，最终提高组织绩效。

内聚性是指注意力在各层级、各部门和各成员之间相似或兼容的程度。某一偶发事件之前重复发生的数目越多，越能提高组织注意力的内聚性。注意力的内聚性在本质上表现为组织的各层级、各部门和各成员共同将时间和精力用于解决某一特定问题的程度。因为注意力是一种稀缺资源[143]，某一事件重复发生将推动注意力在组织内部进行的重新分配，集中用于解决这一重复发生的事件。当组织的各部门和成员将时间和精力用于解决某一特定问题时，组织更易于打破部门界限来整合各方面的资源，如获取、分享并且整合来自不同方面的信息，提高决策质量。

组织注意力的稳定性和内聚性不但能够直接作用于某一特定的重复性事件，而且这一过程中获得的经验还会产生溢出效应（Spillover）。Zollo 和 Reuer（2010）提出，不同活动之间的相似性会促进将某项活动中积累的经验或知识转而应用于另外一项活动[117]。对于某一事件稳定且内聚的关注会使组织发现并解决很多潜在问题，这一过程中积累的经验同样有助于组织之后应对类似的事件。组织针对这一事件对组织知识和行为的优化，例如建立处理某种突发事件的应急预案，设立专门负责处理类似事件的部门，对于某种新技术或流程开展的小范围试验等，均有助于组织解决与这一事件相关的一系列问题，从根本上对组织的制度和流程进行优化，从而提高组织的绩效和应对偶发事件的能力。因此，本书提出如下假设。

H1：某一偶发事件之前重复发生的数目越多，则这一事件越能促进组织绩效的提高。

5.1.2 时间间隔

时间间隔（Interval）指某一偶发事件与历史上最近一次发生的相同或相似事件之间的时间跨度。时间间隔对组织学习成效的影响主要表现为减弱经验的衰减（Fecay）或折旧（Fepreciation）趋势。Argote Epple 及其同事在对学习曲线的研究中发现，过去获得的经验知识对于组织绩效的影响小于新近获得的经验知识，这种经验知识的价值随时间的流逝而减损的现象被称为组织忘却（Organizational Forgetting）[51,52]。虽然也有学者提出组织忘却有时也具有积极的一面[41]，例如能够帮助组织淘汰陈旧或不相关的知识，但本书重点关注有价值的知识经验随时间流逝而带来的负面效应。

组织学习理论中对于经验折旧的解释有以下 3 种[39]。①组织知识随着组织成员退出组织而损失。在员工流动率很高的组织中，或知识主要存储在个人记忆而非组织记忆的组织中，这种趋势表现得更加明显。②组织流程或组织结构的改变可能会在无意识中破坏掉一些隐性知识或集体知识存储的非正式社会网络结构，例如交互记忆系统。③在组织成员对流程进行持续的、随机的、微小的改进过程中，一些未被编码的知识会不断流失。上述 3 种解释的核心是组织未来需要及时对有用知识进行编码，即在组织尚未将隐性知识转化为显性知识，将个人记忆中的知识转移到组织记忆，或将短期记忆中的知识转到长期记忆之前，这些知识已经因为各种原因遗失了。

防止经验折旧的有效办法是使组织产生一种紧迫感，从而使组织有足够的动机来高效率地通过刻意式学习对知识进行编码。本书提出，当前发生的偶发事件与历史上最近一次发生的相同或相似事件共同构成一种情境，当两次事件之间的时间间隔较短时，组织成员往往会发现从这一事件中获取的经验具有应用价值，因此组织会积极开展刻意式学习以期望当这一事件在短期内再次发生时可以应用这部分经验。

由上文可知（4.2.3 小节），刻意式学习能够促进组织对隐性知识进行编码，而且还有助于对已有的知识编码进行修正，并对编码过程进行反思。因此，当两次事件的时间间隔较短时，组织有足够的动机来高效率地通过刻意式学习对知识进行编码，加快组织知识的更新速度，使组织知识衰减和折旧的速度减缓，从而提高组织绩效。因此，本书提出如下假设。

H2：某一偶发事件距上一次发生的时间间隔越短，则这一事件越能促进组织绩效提高。

5.1.3　相关程度

相关程度（Relevance）是指最近一次发生的与当前事件相同或相似的历史事件与组织相关的程度，这种相关程度一方面决定了组织学习的动机和意愿，另一方面也决定了组织所采取的学习类型。

上文已经提到注意力是组织内的稀缺资源，其在组织内部呈现不均匀的分布（4.2.2 小节）。注意力的分配由管理者所感知到的事件相关程度决定。如果管理者认为某事件与本组织高度相关，则会对这一事件分配更多的注意力，组织会仔细审视这一事件，并以该事件的关键因素为核心不断向外扩展，希望从中吸取经验，并对组织在认知和行为上的不当之处做出必要的调整。如果事件与本组织相关程度较低，吸引的注意力也往往较少，组织主动开展学习的意愿也较低，这样经验转化为组织知识的比例较低。

相关程度对于组织从经验中学习的影响不仅体现在动机和意愿方面，更体现在对学习行为的直接影响上。当某一事件与组织具有较高的相关程度或对其有较大影响时，组织往往会开展变革型学习（Transformative Learning），而引发变革型学习的事件被称为变革型偶发事件（Transformative Rare Event）[1]。这种事件会打破组织原有的样式或规程，在这种情况下，组织往往会对自身进行较大程度的重构，最终进入一个全新的稳定状态。

组织感知到的相关程度一方面来自当前事件对于组织的直接影响，另一方面来自组织之前对于相同或相似事件的特殊经历。当组织在对当前偶发事件进行反思的过程中发现，相同或相似的历史事件同样与本组织具有较高的相关程度时，组织就越能提高从偶发事件中总结经验知识的动机和意愿，并且越倾向于引发对于组织有利的变革。因此，本书提出如下假设。

H3：最近一次发生的与当前事件相同或相似的历史事件与组织相关程度越高，则越能促进组织绩效提高。

5.2　研究方法

5.2.1　样本

本书的实证部分以 1991~2010 年美国航空公司所经历的安全事故为样本。对于追求持续经营的航空公司来说，安全事故发生概率很低，而且一旦发生则会造成重大影响。这符合本书对偶发事件的定义（2.4节）。因此，可以使用航空公司发生的安全事故表示偶发事件，以此研究偶发事件与企业绩效之间的关系。

航空公司（Airline/Air Carrier）是指通过租赁飞机或使用自有飞机从事定期航空客运和货运任务的企业或企业集团。从事定期飞行的航空公司样本中不包括不定期航空企业（Air Taxi）和私人飞机，因此样本中的航空公司均是具有一定规模的企业，这保证了企业有足够的资源开展从经验中学习。样本中航空公司的机型主要为美国波音系列和法国空中客车系列喷气式飞机，因此某家航空公司的事故原因对其他航空公司具有较高的借鉴意义。

在这 20 年间，研究样本中共计出现过 263 家航空公司。因为有些公司是在 1991 年之后才成立，有些在 1991 年前成立的公司在这期间因经营不善倒闭或因其他原因被收购，所以每年样本中航空公司的数目不断发生变化，但总数一直保持在 70~90 家。这 263 家航空公司在 20 年间一共经历了 746 起重大事故（Accident）和 6866 起一般事故（Incident）①。根据美国运输统计局定义，重大事故是指导致人员伤亡或严重设备损失的事件，一般事故是指未被归为重大事故但仍对安全造成危害或潜在危害的事件[215]。

本书中使用的研究样本均为公开数据。20 年间全部重大事故的相关数据可以在美国国家运输安全委员会（National Transportation Safety Board）网站下的航空事故数据库（Aviation Accident Database）中查询。全部一般事故数据可以从美国联邦航空管理局（Federal Aviation Administration）网站下设的事故数据系统（Incident Data System）中查询。全部 263 家航空公司 20 年间每年的飞行架次、飞行时间、飞行里程以及相关财务指标可从美国运输统计局下设的 T-100 数据库中查询。

选择航空公司安全事故为研究样本的原因是：①事件影响重大。无论是自身发生的直接经验还是从其他企业获得的间接经验，企业均有足够的动机来开展从经验中学习，以便降低自身今后的事故率。②事故公开透明。民航事故无法轻易藏匿，样本信息相对完整。③从事故中开展经验学习是航空公司经营过程中的重要内容，受企业财务状况等因素的影响较小。④学习过程和经验分享具有一定的强制性。美国国家运输安全委员会和美国联邦航空管理局等航空管理部门所发布的事故调查报告已经为企业完成了经验的分类、整理和精炼，即帮

---

① 航空业界中将 Incident 称为事故征候。为便于非专业人士阅读理解，本书将 Incident 称为一般事故。

助航空公司完成了部分刻意式学习过程，同时也便于经验在企业之间的转移。因此，航空公司从经验中学习成效的差异完全由航空公司的自身特征及事故经历所决定。⑤学习成效明显且迅速。航空公司从经验中学习的过程可降低航空公司之后发生事故的数目，由此使得航空公司从事故经验中学习的成效易于衡量，同时经验学习可以在相对短的时间内见到成效。⑥侧重从失败中学习。不出问题的飞行被认为是常态，因此航空公司主要开展从失败的经验中学习，可以排除从成功经验学习与其的交互效应。

　　未选用国内航空公司作为研究样本的原因主要有两点：一方面，国内民用航空产业仍处于初级阶段，达到一定规模的航空公司数目稀少，而且成立时间相对较短，各公司机型差异较大，因此难以用于验证本书中的假设；另一方面，国内飞行事故数据不够透明，获取难度较大。

5.2.2　编码

　　对事故经验重复性进行分析的前提条件是能够量化各事故之间的相关程度。为计算各事故之间的相关程度，本书首先对 263 家航空公司在 20 年间经历的全部 746 起重大事故的原因内容进行编码。

　　本书将全部 746 起重大事故中出现过的原因分为 5 个大类：环境因素、人员因素、飞机因素、组织因素以及未知因素。这 5 个大类又可细分为 28 个子类。如图 5.2 所示。其中环境因素包括：机场、物体、地形、天气—光照、天气—气流、天气—强风、天气—其他。人员因素包括：驾驶员、副驾驶员、机组人员、乘务员、乘客人员、机场人员、空管人员、地勤人员、公司维护人员、其他维护人员、其他飞机人员、其他人员。飞机因素包括：飞机控制、飞机结构、飞机系统、飞机未知。组织因素包括：航空公司、空管部门、制造商、其他组织。本书将按照上述 28 个子类对全部 746 起重大事故进行编码。

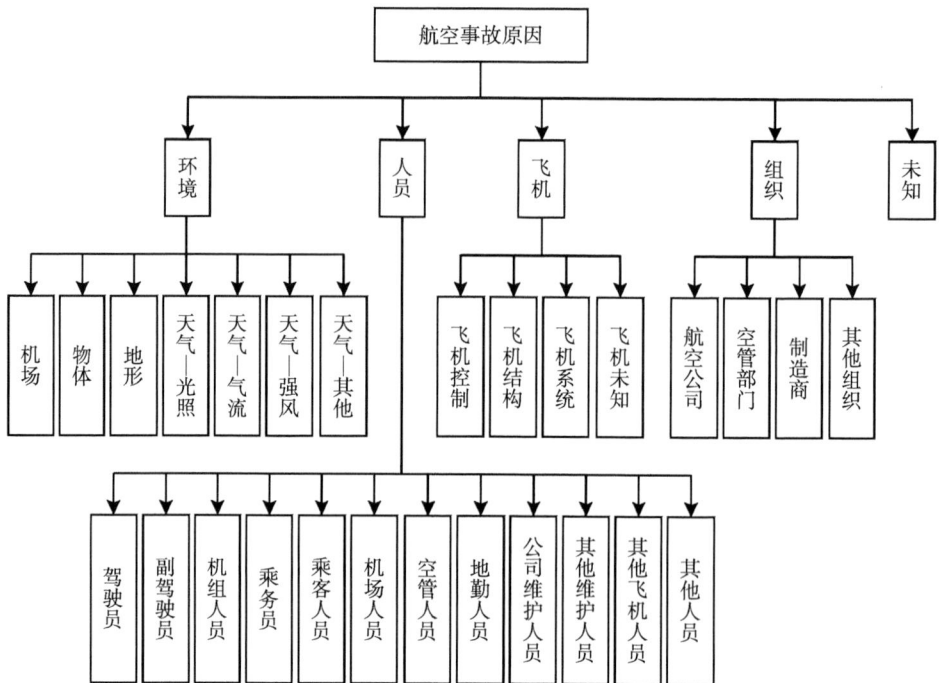

图 5.2　航空事故原因分类

针对每一起重大事故，美国国家运输安全委员会均会发布一份事故调查报告，如图 5.3 所示。调查报告分为如下 6 个部分：①基本信息，如事故编号、事故发生时间、发生事故的飞机型号、所属航空公司信息、事故伤亡和损失情况等；②天气信息，如事故发生时的光照、温度、风速、飞行高度等；③飞行员信息，如飞行员的年龄、资质、累积飞行小时等；④事故叙述（Narrative），即事故发生的经过和结果；⑤事故原因，此部分条目列出了所有可能的事故原因，并对事故原因进行了初步的、不严格的分类；⑥原因描述，此部分详细对事故原因进行叙述。

本书对于事故原因编码的主要依据就是事故报告中的第 5 部分事故原因。为了详细说明编码过程，本书将图 5.3 中的事故原因转述至表 5.1 的原因类别栏。以第 1 项原因"机组人员在飞行过程中做出了不恰当的决定"为例，本书将其归为人员因素大类机组人员子类；再以第 5 项原因"联邦航空管理局管理不力"为例，本书将其归为组织大类空管部门子类；最后以第 8 项原因"飞机警报系统故障"为例，本书将其归为飞机大类飞机系统子类。由此本书对导致这一事故的全部 9 种原因进行编码，结果是这一事故原因分属 3 个大类的 6 个子类，即机组人员、空管人员、空管部门、航空公司、制造商以及飞机系统。

National Transportation Safety Board
Washington, DC 20594

Printed on : 11/24/2011 4:17:51 PM

Brief of Accident

Adopted 01/19/1996

DCA94MA065
File No. 2139 | 07/02/1994 | CHARLOTTE, NC | Aircraft Reg No. N954VJ | Time (Local): 18:43 EDT

		Fatal	Serious	Minor/None
Make/Model: Douglas / DC-9-31	Crew	0	2	3
Engine Make/Model: P&w / JT8D-7	Pass	37	14	1

Aircraft Damage: Destroyed
Number of Engines: 2
Operating Certificate(s): Flag Carrier/Domestic
Name of Carrier: USAIR
Type of Flight Operation: Scheduled; Domestic; Passenger Only
Reg. Flight Conducted Under: Part 121: Air Carrier

Last Depart. Point: COLUMBIA, SC
Destination: Same as Accident/Incident Location
Airport Proximity: Off Airport/Airstrip

Condition of Light: Day
Weather Info Src: Weather Observation Facility
Basic Weather: Instrument Conditions
Lowest Ceiling: 4500 Ft. AGL, Broken
Visibility: 6.00 SM
Wind Dir/Speed: 190 / 016 Kts
Temperature (°C): 25
Precip/Obscuration:

Pilot-in-Command | Age: 38

Flight Time (Hours)

Certificate(s)/Rating(s)
Airline Transport, Flight Instructor: Multi-engine Land

Instrument Ratings
Airplane

Total All Aircraft: 8065
Last 90 Days: Unk/Nr
Total Make/Model: 1970
Total Instrument Time: UnK/Nr

THE AIRPLANE COLLIDED WITH TREES AND A PRIVATE RESIDENCE SHORTLY AFTER THE FLIGHTCREW EXECUTED A MISSED APPROACH FROM THE RWY 18R ILS. FLIGHTCREW WAS NOT PROVIDED UPDATED WX INFO IN ATIS;WX REFLECTED THUNDERSTORM & RAINSHOWER. TERMINAL DOPPLER WX RADAR NOT INSTALLED AT ARPT AS SCHEDULED; WOULD HAVE PROVIDED CONTROLLERS WITH INFO ABOUT SEVERITY OF WX, AND INFO WOULD HAVE BEEN BENEFICIAL TO FLIGHTCREW. INADEQ ATC PROCEDURES, BREAKDOWN IN COMM IN TOWER, PREVENTED FLIGHTCREW FROM RECEIVING ADDITIONAL CRITICAL INFO. INADEQ COMPUTER SOFTWARE DESIGN IN THE AIRPLANE'S ON-BOARD WINDSHEAR DETECTION SYSTEM PREVENTED FLIGHTCREW FROM RECEIVING MORE TIMELY WINDSHEAR ALERT. 1ST OFFICER INITIALLY ROTATED TO PROPER 15 DEG NOSE-UP ATTITUDE DURING MISSED APPROACH. HOWEVER, THRUST WAS SET BELOW STANDARD GO-AROUND EPR LIMIT OF 1.93, PITCH ATTITUDE REDUCED TO 5 DEG NOSE DOWN BEFORE FLIGHTCREW RECOGNIZED DANGEROUS SITUATION. FAA'S POI, USAIR'S MANAGEMENT, WERE AWARE OF INCONSISTENCIES IN FLIGHTCREW ADHERENCE TO OPERATING PROCEDURES WITHIN THE AIRLINE; HOWEVER, CORRECTIVE ACTIONS HAD NOT RESOLVED THIS PROBLEM.

Brief of Accident (Continued)

DCA94MA065
File No. 2139 | 07/02/1994 | CHARLOTTE, NC | Aircraft Reg No. N954VJ | Time (Local): 18:43 EDT

Occurrence #1: IN FLIGHT COLLISION WITH TERRAIN/WATER
Phase of Operation: MISSED APPROACH (IFR)

Findings
1. WEATHER CONDITION - MICROBURST/WET
2. (C) IN-FLIGHT PLANNING/DECISION - IMPROPER - FLIGHTCREW
3. WEATHER CONDITION - WINDSHEAR
4. (C) WEATHER EVALUATION - INADEQUATE - FLIGHTCREW
5. (C) AIRCRAFT HANDLING - IMPROPER - FLIGHTCREW
6. (C) UNSAFE/HAZARDOUS CONDITION WARNING - INADEQUATE - ATC PERSONNEL(LCL/GND/CLNC)
7. (F) PROCEDURE INADEQUATE - FAA(OTHER/ORGANIZATION)
8. (F) SUPERVISION - INADEQUATE - ATC PERSONNEL(SUPERVISOR)
9. (F) PROCEDURE INADEQUATE - COMPANY/OPERATOR MANAGEMENT
10. (F) WARNING SYSTEM(OTHER) - INADEQUATE
11. (F) ACFT/EQUIP,INADEQUATE DESIGN - MANUFACTURER

Findings Legend: (C) = Cause, (F) = Factor

The National Transportation Safety Board determines the probable cause(s) of this accident as follows.
1) THE FLIGHTCREW'S DECISION TO CONTINUE AN APPROACH INTO SEVERE CONVECTIVE ACTIVITY THAT WAS CONDUCIVE TO A MICROBURST; 2) THE FLIGHTCREW'S FAILURE TO RECOGNIZE A WINDSHEAR SITUATION IN A TIMELY MANNER; 3)THE FLIGHTCREW'S FAILURE TO ESTABLISH AND MAINTAIN THE PROPER AIRPLANE ATTITUDE AND THRUST SETTING NECESSARY TO ESCAPE THE WINDSHEAR; AND 4) THE LACK OF REAL-TIME ADVERSE WEATHER AND WINDSHEAR HAZARD INFORMATION DISSEMINATION FROM AIR TRAFFIC CONTROL, ALL OF WHICH LED TO AN ENCOUNTER WITH AND THE FAILURE TO ESCAPE FROM A MICROBURST-INDUCED WINDSHEAR THAT WAS PRODUCED BY A RAPIDLY DEVELOPING THUNDERSTORM LOCATED AT THE APPROACH END OF RUNWAY 18R. CONTRIBUTING TO THE ACCIDENT WERE: 1) THE LACK OF AIR TRAFFIC CONTROL PROCEDURES THAT WOULD HAVE REQUIRED THE CONTROLLER TO DISPLAY AND ISSUE AIRPORT SURVEILLANCE RADAR (ASR-9) WEATHER INFORMATION TO THE PILOTS OF FLIGHT 1016; 2) THE CHARLOTTE TOWER SUPERVISOR'S FAILURE TO PROPERLY ADVISE AND ENSURE THAT ALL CONTROLLERS WERE AWARE OF AND REPORTING THE REDUCTION IN VISIBILITY AND RUNWAY VISUAL RANGE VALUE INFORMATION, AND THE LOW LEVEL WINDSHEAR ALERTS THAT HAD OCCURRED IN MULTIPLE QUADRANTS; 3) THE INADEQUATE REMEDIAL ACTIONS BY USAIR TO ENSURE ADHERENCE TO STANDARD OPERATING PROCEDURES; AND 4) THE INADEQUATE SOFTWARE LOGIC IN THE AIRPLANE'S WINDSHEAR WARNING SYSTEM THAT DID NOT PROVIDE AN ALERT UPON ENTRY INTO THE WINDSHEAR. (NTSB REPORT AAR-95/03)

图 5.3　美国国家运输安全委员会事故调查报告样例

表 5.1　事故原因编码示例

原因类别	编　码
1. In-Flight Planning/Decision – Improper – Flightcrew	人员—机组人员
2. Weather Evaluation – Inadequate – Flightcrew	人员—机组人员
3. Aircraft Handling – Improper – Flightcrew	人员—机组人员
4. Unsafe/Hazardous Condition Warning – Inadequate – ATC Personnel	人员—空管人员
5. Procedure Inadequate – FAA（Other/Organization）	组织—空管部门
6. Supervision – Inadequate – ATC Personnel（Supervisor）	人员—空管人员
7. Procedure Inadequate – Company/Operator Management	组织—航空公司
8. Warning System（Other）– Inadequate	飞机—飞机系统
9. Acft/Equip, Inadequate Design – Manufacturer	组织—制造商

对比第 3 章中我国航空产业从偶发事件中学习案例可以发现，美国国家运输安全委员会对于事故的分类方法更为先进。国内不安全事件数据库对事件类型和原因上分类的一个不足之处是将事件仅仅归为单一类别。以本书 3.3.2 小节中的事件 1 为例，数据库中将其在事件原因上归为机械类，但通过阅读叙述文本，本书发现机组人员同样有很大问题。同理，对于事件 2，数据库中将其在事件原因上归为机组类，但公司的管理疏漏同样是导致事故的重要原因。因此，对于一部分简单事件可以用单一类别来表示原因，但对于相对复杂的事件来说，其原因通常来自多个方面，如果仅将事件归为单一类别则会造成其他类别信息损失，影响根据经验类别来开展学习的成效。在这方面，美国国家运输安全委员会的做法相对成熟，即将图 5.3 中所示的事故原因初步归为 9 个类别，这有助于保存信息总量，并在事故经验之间建立横向联系，以利于之后对经验进行检索和进一步挖掘。

本书仅对 746 起重大事故的原因进行编码，而没有对 6866 起一般事故进行编码。原因来自 3 个方面：首先，航空公司对于重大事故的关注程度远高于一般事故，重大事故更可能触发刻意式学习；其次，美国联邦航空管理局发布的一般事故调查报告中的原因描述过于简化，难以进行有效编码；最后，对 6866 起一般事故进行编码的工作量十分巨大，但对研究结论的贡献程度较低。

需要补充说明的是，图 5.3 和表 5.1 中的事故发生在 1994 年，而从 2008 年开始，美国国家运输安全委员会采用了新的事故原因表示方法，新方法比旧方法采用了更多的字段来说明事故原因类别，因此包含了更多的信息。但由于本书采用的 20 年的样本中有 17 年（1991~2007 年）采用了旧方法来表示事故原因，为简便起见，本书将由新方法表示的事故原因统一用旧方法来表示。

表 5.2　事故—原因矩阵示例

	事故 1	事故 2	事故 3	...	事故 746
原因类别 1	1	0	0	...	1
原因类别 2	0	1	0	...	0
原因类别 3	1	1	1	...	0
...	...	...	...	...	...
原因类别 28	0	1	0	...	1

编码过程的最终结果是得到了如表 5.2 所示的事故—原因矩阵。矩阵的行表示全部 28 个原因类别，矩阵的列表示全部 746 起重大事故。如果某一事故是由某一类或某几类原因造成的，则对应的原因类别用 1 表示，没有则用 0 表示，由此形成了一个 28×746 的 0–1 矩阵。本书以这个矩阵为基础计算任意两个事故之间的皮尔逊（Pearson）相关系数，以此表示两个事故之间的相似程度。

5.2.3　因变量

本章的因变量是发生重大事故的航空公司当年发生的全部事故之和。具体的计算过程是：首先找到每一起重大事故发生的年份和对应的航空公司。其次分别计算该航空公司在这一年中发生的重大事故和一般事故的数目。最后用重大事故和一般事故数目之和作为这一起重大事故对应的因变量。对全部 746 起重大事故重复上述过程，即得到了本章实证研究中所使用的因变量。因此，本书实质上是研究航空公司从重大事故经验中学习的过程，而用重大事故和一般事故的数目变化来反映学习成效。这其中的隐含假设是导致重大事故和一般事故的原因类别基本相同，从重大事故中吸取的经验教训同样有助于降低一般事故的数目。

本章只考虑事故发生当年对应企业的全部事故数目。虽然事故可能发生在一年中的任何时候，且如果发生在一年中的晚些时候对当年事故数目的影响有限。但是针对本书采用的研究样本来说很难精确统计每一个事故发生后相同固定时间（如 1 年）内发生事故的数目。而且某一事故对于航空公司的影响逐年降低，影响的折损系数很难精确量化。同时，如果不同年份不同原因的事故影响相互叠加将使分析过程过于复杂，难以控制其他影响因素，不利于发现因果关系。因此，从平均来看，使用当年事故数目反映学习成效有利于将研究问题简化。此外，某一事故对于航空公司的影响存在两个关键时段。一个是事故发生之后的短暂时期，另一个是事故原因的正式调查报告发布，而从事故发生到正式报告发布的时间间隔从几周到几年不等，为简化分析过程，本书只关注事故对航空公司当期绩效的影响，而不考虑对绩效的延期影响。

5.2.4 自变量

本书包括 3 个自变量：重复数目、时间间隔和相关程度。

（1）重复数目。重复数目的计算过程是，首先以当前事故为基准，生成发生在这之前的全部事故子样本。之后根据表 5.2 所示的事故原因矩阵，分别计算当前事故和子样本中每一个事故的两两相关系数。最后识别出相关系数的最大值并计算最大相关系数重复出现的次数。最大相关系数重复出现的次数即为事件的重复数目。

（2）时间间隔。时间间隔的计算过程是，首先在计算重复数目时使用的子样本中找到相关系数的最大值。如果最大相关系数只出现一次，则以当前事件与最相关事件之间相差的年限作为时间间隔。如果最大相关系数出现多次，则以当前事件与最近的一次最相关事件之间相差的年限作为时间间隔。

（3）相关程度。如果最近一次最相关事件也是航空公司自身的事故，那么相关程度计为 1。如果最近一次最相关事件是其他航空公司的事故，那么相关程度计为 0。

5.2.5　控制变量

除了自变量重复数目、时间间隔和相关程度外，还有很多其他变量会影响到航空事故的发生。在本书中，控制了航空公司规模、公司年龄、公司运力、财务状况、累积经验等变量的潜在影响。

（1）公司规模。根据美国运输统计局 2011 年发布的全国运输统计报告中的定义，美国民用航空企业可以根据年营业收入（Annual Operating Revenue）从高到低分为重要（Major）、全国性（National）、大型地区性（Large Regional）和中型地区性（Medium Regional）4 个类别。其中重要航空公司年营业收入在 10 亿美元以上，全国性航空公司年营业收入在 1 亿~10 亿美元之间，大型地区性航空公司年营业收入在 2000 万~1 亿美元之间，中型地区性航空公司的年营业收入在 2000 万美元以上[216]。本书将按照美国运输统计局的分类，以哑变量（Dummy）的形式将 4 个类别中的 3 个作为控制变量引入回归方程。

（2）公司年龄。航空公司的存续时间会影响事故发生数目，公司年龄越短越可能出现事故。由于美国航空产业规模巨大，各航空公司之间经历了数次复杂的重组，这导致难以获得一部分航空公司的准确成立时间。为简化起见，本书将 1991 年之前成立的航空公司计为 1，1991 年之后成立的航空公司计为 0。

（3）公司运力。航空公司的运力越大，越可能出现事故。本书用航空公司当年的飞行架次表示公司当年的运力。各航空公司每年的飞行架次数据可从美国运输统计局下设的 T-100 数据库中获得。本书使用的统计单位为万架次。

（4）财务状况。公司的财务状况会对组织的事故数目产生影响[125]。本书用各航空公司当年的资产收益率（Return on Assets）来表示公司当年的财务状况。各航空公司每年的利润和资产数据可从美国运输统计局下设的 T-100 数据库中获得。

（5）累积经验。航空公司之前经历的事故数目越多，之后发生事故的可能性越小。本书用各个航空公司截至事故当年累计发生的重大事故和一般事故数目之和表示各航空公司累积的经验。累积经验是逐年变化的。

5.2.6　数据分析

因为本章研究中的因变量是航空公司当年发生的事故数目，即回归方程的因变量是计数变量，不满足普通最小二乘法（Ordinary Least Squares）的假设，所以本章采用泊松回归（Poisson Regression）来研究经验重复性对航空公司事故数目的影响。

因为泊松回归模型使用的估计方法是极大似然估计，所以无法给出普通最小二乘法中表示模型解释力度的 R^2 指标。为评估本章中泊松回归方程的拟合效果，本书采用了 Pseudo R^2 指标。Pseudo R^2 的变化范围同样是从 0~1，且越接近 1 表示模型的解释力度越高，但其具体的解释与最小二乘法中的 R^2 仍有区别，本书仅将其作为参考性指标使用[217]。虽然无法给出精确的模型解释力度及模型之间解释力度差异的显著性，但是极大似然估计的优势是能够进行似然比检验（Likelihood-Ratio Test），通过似然比检验可清晰地反映嵌套模型之间拟合效果的改进①。此外，本书也报告了赤池信息量准则（Akaike，

---

① 对于两个嵌套模型 A（有 a 个自变量）和 B（有 b 个自变量）来说，似然比检验可以这样构建：$-2[\log(L_B)-\log(L_A)]\sim\chi^2_{b-a}$，其中 $\log(L_A)$ 和 $\log(L_B)$ 分别表示模型 A 和模型 B 迭代的最后似然值。

Information Criterion，AIC），AIC 值最小的回归模型拟合效果最好。因此，本章中使用 Pseudo R^2、似然比检验和赤池信息量准则这 3 个指标来进行回归模型之间的横向比较。

本章所使用的统计软件是 Stata11.0。由于本章中使用的自变量（重复数目、时间间隔、相关程度）和部分控制变量（累积经验）均需要对 746 起重大事故逐一进行统计，但人工对这些数据进行分析费时费力且容易发生错误，因此本书对这些变量的统计均是通过在 Stata11.0 软件中使用编程语言来完成的，以便尽量减少人工操作，保证数据准确可靠。

5.3　假设检验

全部变量的描述性统计和两两相关系数矩阵如表 5.3 所示。除累积经验和公司运力这两个控制变量之间的相关系数较高（0.70）之外，回归模型自变量之间的相关系数值较低。虽然个别自变量之间的共线性会对参数估计的精确性产生一定的影响（更大的标准误），但是不会对估计结果造成偏误 [218,219]。因此，这两个变量之间的共线性在本章回归模型中不是一个严重的问题。同时，本章采用多层嵌套模型（Hierarchically Nested Models），通过比较不同模型之间的拟合程度变化是否显著（似然比检验），来克服自变量之间的多重共线性给回归结果解释造成的困难 [124,125]。

表 5.3　描述性统计和两两相关分析

变量	均值	标准差	1	2	3	4	5	6	7	8
1. 公司规模	2.76	0.63								
2. 公司年龄	0.77	0.42	0.53							
3. 公司运力	43.31	30.77	0.58	0.45						

变量	均值	标准差	1	2	3	4	5	6	7	8
4. 财务状况	−0.01	0.29	0.05	0.03	0.04					
5. 累积经验	140.77	187.58	0.38	0.35	0.70	0.03				
6. 重复数目	10.46	16.18	0.03	−0.04	0.07	0.01	−0.11			
7. 时间间隔	2.46	2.38	−0.02	−0.03	−0.09	0.00	−0.12	−0.30		
8. 相关程度	0.07	0.26	0.13	0.10	0.14	−0.02	0.15	0.04	0.00	
9. 事故数目	17.25	15.23	0.43	0.36	0.71	0.04	0.87	−0.12	−0.15	0.11

以事故数目为因变量的泊松回归结果如表 5.4 所示。模型 1 是基准模型，仅包含全部控制变量。模型 2 在模型 1 的基础上包含了重复数目、时间间隔和相关程度 3 个主效应。模型 3 和模型 4 是在模型 2 的基础上分别包含了时间间隔与相关程度的交互项和时间间隔与重复数目的交互项。

表 5.4　航空公司安全事故泊松回归结果

因变量：事故数目	模型 1	模型 2	模型 3	模型 4
公司类别 1	0.44** (3.79)	0.43** (3.72)	0.43** (3.72)	0.43** (3.70)
公司类别 2	0.99** (8.54)	1.01** (8.73)	1.01** (8.73)	1.02** (8.81)
公司类别 3	−0.48 (−1.29)	−0.50 (−1.34)	−0.50 (−1.34)	−0.52 (−1.42)
成立时间	0.07* (1.25)	0.02 (0.37)	0.02 (0.38)	−0.01 (−0.20)
飞行架次	0.00** (12.78)	0.00** (13.75)	0.00** (13.76)	0.00** (14.20)
资产收益率（ROA）	0.01 (0.23)	0.02 (0.36)	0.02 (0.36)	0.02 (0.38)
累积经验	0.00** (31.76)	0.00** (27.15)	0.00** (27.13)	0.00** (26.23)
重复数目		−0.01** (−8.89)	−0.01** (−8.89)	0.00 (0.29)
时间间隔		−0.04** (−7.93)	−0.04** (−7.55)	−0.03** (−4.96)
相关程度		−0.07* (−2.06)	−0.06 (−1.16)	−0.08* (−2.17)
时间间隔 × 相关程度			−0.01 (−0.29)	

因变量：事故数目	模型 1	模型 2	模型 3	模型 4
时间间隔×重复数目				−0.01** (−4.33)
截距	1.15** (10.55)	1.34** (12.16)	1.34** (12.14)	1.34** (12.18)
观测数目（N）	554	554	554	554
伪卡方（Pseudo R–Squre）	0.54	0.56	0.56	0.56
似然值（Log Likelihood）	−2508.52	−2017.75	−2017.71	−2007.43
赤池信息量准则（AIC）	4173.00	4057.50	4059.40	4038.90

注：** $p < 0.01$，* $p < 0.05$。

从上述 4 个模型的 Pseudo R^2 来看，模型 2~4 均比模型 1 的解释力度有所提高。赤池信息量准则（AIC）更精确地反映了这一趋势。与模型 1 相比，模型 2~4 的 AIC 均有所下降。同时，模型 4 的 AIC 比模型 2 更小。这说明加入重复数目、时间间隔和相关程度这 3 个主效应能够提高回归方程的解释力度，加入时间间隔与重复数目的交互项更有助于回归方程解释力度的提高。本书进一步用似然比检验发现模型 2 与模型 1 以及模型 4 与模型 2 之间的改进显著（$p<0.01$）。因此，嵌套模型之间关系清晰，多重共线性对于模型的影响有限。

假设 1 预测，如果某一偶发事件之前重复发生的数目越多，则这一事件越能促进组织绩效提高。模型 2 中重复数目的回归系数负向显著（b=−0.01，$p<0.01$）。这说明，如果某航空公司发生了一项安全事故，并且类似事故之前在全行业中重复发生的次数越多，则此航空公司之后事故发生数目越少。假设 1 获得支持。

假设 3 预测，如果最近一次发生的与当前事件相同或相似的历史事件与组织相关程度越高，则越能促进组织绩效提高。模型 2 中相关程度的回归系数负向显著（b=−0.07，$p<0.05$）。这说明，如果某航空公司发生了一项安全事故，并且行业中最近一次发生的类似事故与这家航空公司的相关程度越高，即同样发生在这家航空公司，则此航空公司之后的事故发生数目越少。假设 3 获得支持。

最后来分析时间间隔。假设 2 预测，如果某一偶发事件距上一次发生的时间间隔越短，则这一事件越能促进组织绩效提高。模型 2 中时间间隔的回归系数显著（p<0.01），但方向为负（b=-0.04）。这表明，如果某航空公司当前发生的安全事故与行业中上一次发生类似事故的时间间隔越长，则此航空公司之后的事故发生数目越少。这与假设 2 预测的结果正好相反，假设 2 未获支持。同时，虽然模型 3 中时间间隔与相关程度的交互项不显著（p>0.1），但是模型 4 中时间间隔与重复数目的交互项负向显著（b=-0.01，p<0.01）。也就是说，当事故重复数目越多，时间间隔与事故数目之间的负向关系越强。

5.4　结果分析

上述实证研究结果表明，经验的重复性确实能够对组织从偶发事件中学习产生影响。其中，重复数目和相关程度对组织绩效有积极影响，即某一偶发事件之前重复发生的数目越多，相似历史事件与组织相关程度越高，则越能促进组织绩效提高。对于时间间隔来说，其同样会对组织绩效产生影响，但影响的方向与本章的假设正好相反。本章在研究假设部分认为：两次事故的时间间隔越短，航空公司越能产生一种紧迫感，增强开展刻意式学习的动机，加快航空公司知识的更新速度，使组织知识衰减和折旧的速度减缓，从而降低此航空公司之后发生事故的可能性。但本章的研究结果表明，两次事故的时间间隔越长，则航空公司之后发生事故的可能性越低。这一反直觉的结论表明，本章对时间间隔影响组织绩效的作用机制的论述可能并不完善，还有其他未被考虑的因素存在。下一章节将对此问题进行专门探讨。

5.5　本章小结

基于本书第 3 章提出的经验属性对组织从偶发事件中学习成效影响的理论模型，本章重点研究了经验的重复性对组织从偶发事件中学习的影响。本章首先提出了偶发性事件经验重复性与情境的互动机制：偶发事件一方面触发了组织的刻意式学习行为，为组织从偶发事件中学习提供了机会和动力；另一方面，偶发事件经验的重复性又决定了影响刻意式学习程度的情境，调节组织从偶发事件中学习的成效。而组织知识、实践方式和组织绩效就在这一经验属性与情境的互动过程中发生改变。在此基础上，本书提出可以通过重复数目、时间间隔和相关程度这 3 个指标来反映经验的重复性，并以此建立了经验重复性的测量体系，将经验的重复性这一抽象构念显性化。之后，本书分别对重复数目、时间间隔和相关程度对组织绩效的影响机制进行分析，并分别建立研究假设：重复数目对于组织绩效改进的影响主要通过对组织注意力进行动态分配来实现，时间间隔对于组织绩效改进的影响主要通过减缓经验折旧来实现，相关程度对于组织绩效改进的影响主要通过影响学习动机和意愿来实现。本章的实证部分以 1991~2010 年美国航空公司所经历的安全事故为样本。通过对 746 起重大安全事故的原因进行分类和编码，本章构建了以航空公司当年发生的事故数目为因变量，以重复数目、时间间隔和相关程度为自变量，同时控制了公司规模、公司年龄、公司运力、财务状况、累积经验等因素的泊松回归模型。结果表明，如果当前事件之前重复发生的数目越多，当前事件距上一次发生的时间间隔越长，最近一次发生的与当前事件相同或相似的历史事件与组织相关程度越高，则当前事件越能促进组织绩效提高。

第 6 章　经验的一致性对组织从偶发事件中学习的影响

　　第 5 章的研究结果表明，当前偶发事件与上一次类似事件之间的时间间隔越长，当前事件就越能促进组织绩效提高。根据本研究在第 5 章提出的经验属性与情境的互动机制，这一结论可被解释为：当前事件触发了组织的刻意式学习，刻意式学习的强度由情境决定。情境可由当前事件与相似历史事件之间的时间间隔构成。时间间隔越长，情境越强，刻意式学习的程度越高，组织从偶发事件中学习的成效就越好，就越有助于提高组织绩效。

　　时间间隔越长则情境越强。如何对这一反直觉的结论进行解释是一个值得深入探究的问题。本章首先从这一反直觉结论入手，基于已有文献提出刻意式学习作用时效和经验搜索范围两种可能的解释，从而引出经验的一致性构念。经验的一致性是指一组经验之间的内在相关程度。一方面偶发事件中经验的一致性能够同时对概念性学习和操作性学习产生影响，提高刻意式学习的作用时效；另一方面又能提高组织对既定搜索范围中经验的发掘深度，提高对已有知识利用效率。也就是说，经验的一致性能够影响组织对于经验的吸收能力，从而影响组织绩效。

　　本章的实证部分采用与第 5 章相同的数据样本。本书首先将时间间隔固定为平均水平，之后以此时间间隔内全部事件的网络密度表示一致性，使用面板泊松回归研究经验一致性与组织绩效之间的关系。

6.1 研究假设

为了解释"时间间隔越长则情境越强"这一反直觉的结论,本书从已有文献中找到了以下两种可能的解释:一方面来自刻意式学习的短期作用与长期作用之间的矛盾关系,另一方面来自近距搜索(Local Search)与远距搜索(Distant Search)之间的矛盾关系。

6.1.1 刻意式学习的作用时效

已有的研究多次证明,组织经验的累积数量与组织绩效之间呈现出一种"U 形"关系。即当组织经验较少时,组织从经验中学习反而会降低组织的绩效效果[123,128]。这主要由两方面因素造成:一方面,组织急于将十分有限的经验应用于不相关的新问题,从而降低了决策质量。另一方面,初始小范围的成功经验会使组织盲目自信,忽视未知的风险,增加了失败的可能性。因此,只有当直接经验积累到一定水平后才能相对完整地反映原因和结果之间的真实关系,此时组织开展从经验中学习才会促进组织绩效的提升。

Nembhard 和 Tucker(2011)在对新生儿加护病房采用新方法降低婴儿死亡率的研究过程中发现:在短时间内,刻意式学习活动会降低组织绩效。然而在两年之后,刻意式学习则会转为正向影响组织绩效[198]。也就是说,刻意式学习对于组织绩效的影响会经历一个先降低再提高的"U 形"反转(Worse-before-Better)过程。Nembhard 和 Tucker(2011)对于这一现象的解释是采取刻意式学习活动的初期会给组织带来很多挑战,扰乱现有的工作流程,随着组织逐渐熟悉并掌握新方法,刻意式学习与组织绩效之间的冲突逐渐降低并最终消失。

Keating 等 （1999） 在对杜邦等大型制造企业的研究中也提出了类似观点 [220]。他们将公司实施改进项目之后通常导致短期绩效下降的现象称为改善悖论 （Improvement Paradox）。这一现象发生的原因是改进和生产之间存在矛盾。在不追加更多资源的条件下，组织对改进的投入会降低当前生产，当改进对于绩效的提高能够补偿生产损失时组织绩效才会开始提高。因此，刻意式学习的短期作用与长期作用之间存在矛盾。刻意式学习在短期表现为降低组织绩效，而在长期表现为提高组织绩效。

因此，虽然上一次偶发事件能够促进组织开展刻意式学习，但刻意式学习的积极影响需要在一段时间之后才能体现。这从偶发事件时间间隔的起点一端对时间间隔与组织绩效的关系做出了解释。即时间间隔越长，刻意式学习越能表现出积极影响，组织绩效也越好。

6.1.2 经验搜索范围

搜索 （Search） 是组织学习过程中的重要环节，有助于组织在纷繁的世界中找到解决复杂问题的合理方案 [36]。之前的研究将搜索分为近距搜索和远距搜索。近距搜索 （Local Search） 被定义为组织在以当前经验或知识为中心的邻近范围内寻找解决方案 [221]。远距搜索 （Distant Search） 是指组织有意识地跳出当前的操纵惯例和知识结构以寻找新方案的行为 [74,222]。

Levinthal （1997） 研究了单个组织在个体层面表现出来的适应性 （Adaptation） 和多个组织在总体层面表现出来的选择性 （Selection） 之间的相互关系 [223]。在他们提出的计算机仿真模型中，近距搜索被表示为组织众多属性中单一维度的改变，远距搜索被表示为组织所有属性的重新随机组合。从适应度景观 （Fitness Landscape） 上看，近距搜索是组织从当前位置移动到邻近位置 （Neighborhood），而远距搜索是指随机移动 （Long Jumps） 到景观中另一处与当前位置距离较远的新位置。在 Miller 等 （2006） 的模型中，近距搜索指从邻近的 4 个智能体 （Agent） 处更新经验知识，远距搜索是指从总体中随机选择 4 个智能体并从中选择绩效最高的进行学习[209]。因此，近距搜索和远距搜索体现了组织搜索经验知识的范围，实质上反映了组织探索式学习 （Exploration） 的程度。

近距搜索并未完全终止组织成员获取新信息，但会缩小知识的搜寻范围，使组织仅仅关注与已有知识密切相关的信息。这会使组织成员倾向于对现有知识进行提炼和归纳，但很少对现有知识进行质疑和更正。而远距搜索增加了组织知识库中的变化 （Variations），而这种新变化为组织解决新问题提供了更丰富的选项，提高了组织应对环境变化的能力[74]。同时，搜索范围的增加能够促进组织开展再组合式搜索 （Recombinatory Search）。Fleming 和 Sorenson （2001） 提出，组织从一个固定的知识集合中所能产生的新想法数量是有上限的，增加搜索范围能增加知识集合中的元素数量，这些新元素能够与已有元素共同产生更多的有用组合[224]。虽然搜索范围过大也会导致知识整合成本增加和可靠性降低等问题，但在正常范围内增加搜索范围能够促进组织学习和知识创造[78]。

两次偶发事件之间的时间间隔较大，经验的搜索范围随之扩大。首先，以航空事故为例，发生两次类似的事故表示组织现有的制度和流程无法准确反映外界环境，组织决策者会深入思考并采取措施解决这一问题。也就是说，失败的经验能够清晰、具体地表示出问题出在何处，为组织提供采取补救行动的路线图 （Roadmap）[225]。其次，类似事故重复发生表明组织从经验中学习的机制仍然存在问题。这种学习机制上的问题对组织的负面影响不会仅限于某一事故，组织需要对与之相关的一系列事故进行反思，发挥学习的溢出效应。如果当前事故的作用是触发刻意式学习，那么历史事故的作用是充当一个定位标识 （Localization）。一方面经验折旧使发生时间越久远的事故对组织的影响程度越低 （5.1.2 小节），另一方面组织会将有限的注意力资源用于与自身相关程度较高的事故（4.2.2 小节），所以组织会更加关注历史事故与当前事故中获得的经验知识，这种认知上的强化有助于降低类似事故之后发生的可能性。

因此，历史事件和当前事件之间的时间间隔决定了组织经验搜索的范围。这从偶发事件时间间隔的终点一端对时间间隔与组织绩效的关系做出了解释。即时间间隔越长，经验的搜索范围越大，组织绩效也越好。

6.1.3　偶发事件经验的一致性

上文从刻意式学习的作用时效和经验搜索范围这两个方面对"时间间隔越长则组织绩效越好"这一反直觉的结论进行了解释。在此基础上，本书提出一段时期内偶发事件中所含经验的一致性能够对组织从偶发事件中学习的成效产生影响。在航空公司安全事故的情境中，一致性表示一段时期之内发生的全部事故在原因方面的内在相似性。经验的一致性对于组织从偶发事件中学习成效的影响体现在如下两个方面。

从刻意式学习作用时效上看，虽然偶发事件能够促进组织开展刻意式学习，但刻意式学习的积极影响需要在一段时间之后才能体现。但是如果特定时间内，有多个偶发事件发生，并且这些事件经验的一致性越高，刻意式学习产生负面影响的时间会越短，即刻意式学习的积极影响就会越早显现。这是因为较高的偶发事件经验一致性程度有助于推动组织在动态复杂的环境中开展概念性学习和操作性学习（2.3.3 小节和 4.3.1 小节）。概念性学习有助于组织对偶发事件原因和结果之间关系进行深入分析与理解，而操作性学习则有助于组织对偶发事件所导致的行为和结果之间的关系进行进一步验证，从而积累处理类似偶发事件所需要的操作化经验。对于概念性学习来说，一致性越高，原因和结果之间的关系越清晰，组织可以更深入地审视自身潜在的问题，破除改变实践方式的阻力与障碍；对于操作性学习来说，一致性越高，组织越有机会尝试多种行为，获得更多的反馈信息，经验可以在事件之间顺畅转移，从而降低刻意式学习行为对现有工作流程的不利影响。

从经验搜索范围上看，虽然历史事件和当前事件之间的时间间隔决定了组织经验搜索的范围（Search Scope），但这段时间内偶发事件经验的一致性越高，越有利于组织对事件进行深度挖掘，克服因搜索范围过大而导致知识整合成本增加和可靠性降低等问题。搜索深度（Search Depth）是指组织对已有知识的审视（Revisit）程度[78]。较高的偶发事件经验之间的一致性程度有助于降低出错的可能性，形成操作惯例，提高搜索的可靠性[225]。同时，偶发事件经验之间的一致性能促进组织从已有经验中识别出有价值的知识，并且将这些知识重新建立连接，发现潜在的知识组合，从而加深对于已有经验的理解。也就是说，一段时期内偶发事件经验的一致性程度越高，经验的搜索程度越深。

偶发事件经验的一致性一方面能够同时对概念性学习和操作性学习产生影响，提高刻意式学习的作用时效；另一方面又能提高组织对既定搜索范围中经验的发掘深度，提高对已有知识的利用效率。这两方面共同影响组织对于经验的吸收能力[78,91,198]。吸收能力（Absorptive Capacity）是指组织基于之前积累的经验识别和获取新知识的能力[226,227]。组织对于经验知识的吸收能力会直接影响组织绩效[228]。根据 Volberda 等 （2010） 提出的吸收能力整合模型，来自组织内部的前因和来自组织外部的前因对吸收能力的影响机制存在差异[229]。因此，本章对本组织偶发事件经验的一致性和行业中其他组织偶发事件经验的一致性分别提出假设，具体如下。

H4：一段时间内，行业中其他组织偶发事件经验的一致性程度越高，则组织之后的绩效越好。

H5：一段时间内，来自本组织偶发事件经验的一致性程度越高，则组织之后的绩效越好。

6.2　研究方法

6.2.1　样本

与第 5 章相同，本章研究的实证部分同样采用 1991~2010 年美国航空公司所经历的 746 起重大事故（Accident）和 6866 起一般事故（Incident）为样本。关于航空公司定义、重大事故和一般事故定义、安全事故指代偶发事件的可行性、样本数据来源、选择航空公司安全事故为研究样本的原因以及未选用国内航空公司作为研究样本的原因等问题的论述详见 5.2.1 小节，本章不再赘述。

6.2.2　因变量

本章实证模型中所使用的因变量是每个航空公司当年发生的重大事故数目和一般事故数目。

6.2.3　自变量

本章实证模型中所使用的自变量是自身事故经验一致性和行业事故经验一致性。因为第 5 章中时间间隔的平均值为 2.46 年（见表5.3），本章中取上限值 3 年作为事故数目统计的窗口时间段。例如，D 航空公司 2001 年发生 2 起事故，2002 年发生 3 起事故，2003 年发生 1 起事故，则 D 航空公司在以 2003 年对应的窗口时间段中共发生了 6 起事故，这 6 起事故即为计算自身事故经验一致性的基础；对于行业事故经验一致性来说，除 D 航空公司之外的航空公司 2006 年共发生了 24 起事故，2007 年共发生了 18 起事故，2008 年共发生了 10 起事故，则 D 公司所在行业 2008 年对应的窗口时间段中共发生了 52 起事故，这 52 起事故即为计算行业事故经验一致性的基础。当窗口时间段少于 3 年时，如 1991 年和 1992 年，则以样本中实际包含的年份计算。由此可以得到每家航空公司每年所对应的窗口时间段中发生的事故数目。

事故经验一致性是指在一段时期之内发生的全部事故在原因方面的内在相似性。第 5 章在计算相似事件时使用皮尔逊相关系数表示每两个事件之间的相关程度。而 3 年窗口时间段中发生的事故数目通常有很多起，如果分别计算两两相关系数再取平均值将造成大量的信息损失，因此本书需要一个指标来反映多起事故之间的相互关联程度。本章使用网络密度来表示事故经验之间的一致性。

本章计算网络密度的基础是事故—原因矩阵。基于本书第 5 章对全部事故进行编码的结果（5.2.2 小节），本书将每个航空公司每年对应的窗口时间段中发生的全部事故汇集成如表 5.2 所示的事故—原因矩阵。从社会网络的视角来看，事故—原因矩阵表示的是一个二模网络（Two-Mode Network）。二模网络是相对于一模网络而言的。一模社会网络分析是指基于微观层面测量的社会关系，使用各种分析技术来推断宏观层面的社会结构。例如，可以用个人之间的关系连带推断组织中的小团体（Cliques）。一模网络数据仅来源于微观层面，而二模网络数据既来自微观层面，又来自宏观层面。例如，Davis 等（1941）在研究美国南部社区时收集了一个社区中的 18 个妇女参与 14 例社交事件的数据，通过对哪些妇女参与了或缺席了哪些事件进行标记，学者们可以推断出这一社区的妇女中存在的社会连带、派系和小群体[230]。同时，通过分析哪些妇女参与了哪些事件，学者们也能推断出事件之间的相关性。Davis 的数据中的连带直接将人和事件这两个不同层面的节点进行连接，反映了微观的个人隶属在宏观的事件中，这种同时包含了两个层面的网络结构被称为二模网络或隶属网络^[231]。

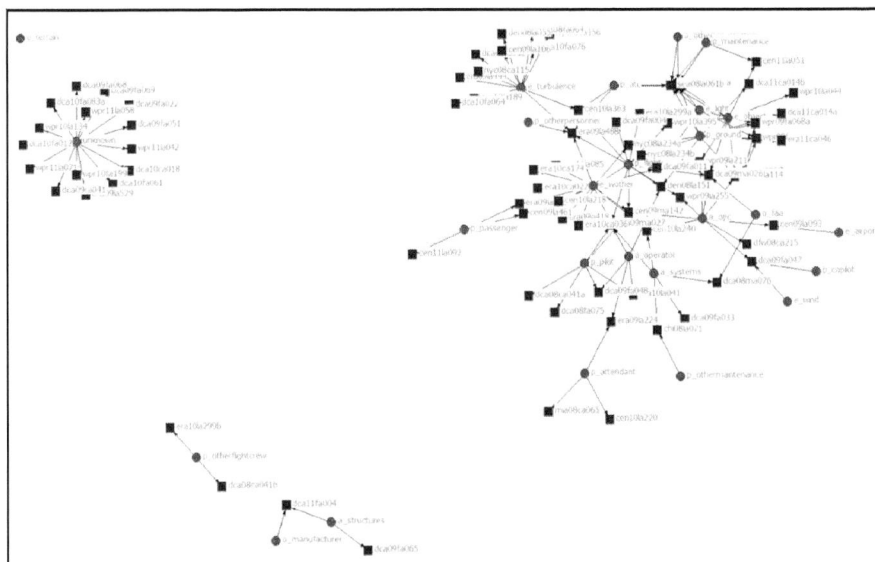

图 6.1　低密度事故—原因二模网络

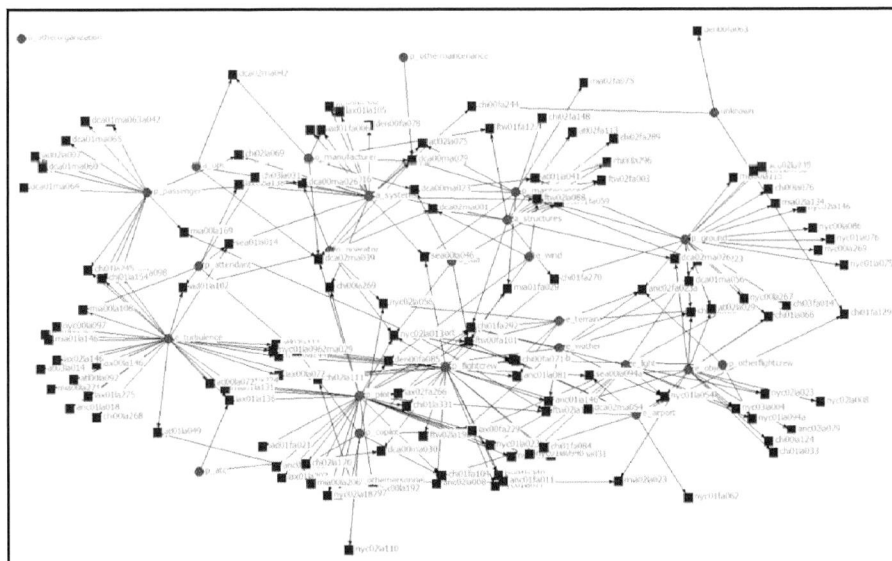

图 6.2　高密度事故—原因二模网络

将 Davis 数据中的人与事件连带套用至事故与原因连带，即相当于事故隶属于原因类别中，通过各事故与原因类别之间的连带可以计算出一组事件之间的相似性，即本章中使用的自变量——经验的一致性。为更直观地反映事故—原因二模网络的密度，本书使用社会网络软件 Ucinet 6.3 将其可视化，如图 6.1 和图 6.2 所示。其中，方块表示事故，圆圈表示原因类别。图 6.1 所示的事故—原因二模网络密度较低，表示这一航空公司一段时期内相关事故经验的一致性较低。图 6.2 所示的事故—原因二模网络密度较高，表示这一航空公司一段时期内相关事故经验的一致性较高。

在本章的实际计算过程中，先将事故—原因二模网络转化为事故—事故一模网络，之后计算此一模网络的密度。一个图形的密度是指该图形中实际存在的线与可能数量的线的比例[232]。密度的计算公式如下：

$$\Delta = \frac{2L}{g(g-l)}$$

其中，L 表示图中线的数目，g 表示图中节点的数目。本章中关于网络密度的相关计算均在 Stata11.0 统计软件中通过编写程序实现。

6.2.4 控制变量

本章实证模型中所使用的控制变量包括公司规模、公司年龄、公司运力、财务状况和累积经验。各控制变量代表的含义和计算方法与第 5 章相同，本章不再赘述，详见 5.2.5 小节。

6.2.5 数据分析

因为本章实证模型的因变量是计数变量，即每家航空公司每年发生事故的数目，所以采用面板泊松回归（Panel Poisson Regression）。本章研究使用的面板数据中一共包括 2131 个公司年。面板数据既包括截面维度，又包括时间维度。使用时间序列数据对组织学习进行研究具有十分重要的意义。组织学习随时间而发生，使用时间序列数据才能较好地反映组织学习过程[233]。因此，组织学习领域的学者们强烈建议开展纵向研究（Longitudinal Study），以反映知识经验在组织学习过程中的动态变化[91,107]。本章所使用的统计软件是 Stata11.0。估计方法采用极大似然估计法。

由于面板数据中包括时间维度，可以反映在可观测的变量影响下各个航空公司的事故数目随时间的变化趋势。但是一些未被观测到的航空公司特质同样会对航空公司的事故数目产生影响。例如，某种机型存在设计缺陷，如果这一机型在某航空公司的机群中占比较高，则这一航空公司的事故数目就会增加。另外，非定期飞行比定期飞行在设备和人员等方面准备相对不充足，如果某些航空公司从事的非定期飞行架次较多则也会致使事故数目增加。还有，某些公司战略和文化，例如非常强调准点飞行，也会使航空公司因过于强调准点而忽略了某些安全因素，从而使事故数目增加。如果不加控制，这些与经验积累无关的航空公司特质会对估计结果产生偏误。

在面板回归模型中控制未观测到的样本属性有两种主要的处理方法：固定效应（Fixed-Effect）模型和随机效应（Random-Effect）模型。对于本书所使用的样本来说，随机效应模型要好于固定效应模型。固定效应模型设定各航空公司之间没有差异，仅对各航空公司各年的变异进行分析，而事故数目不变的航空公司则无法被识别，这使得大部分未经历事故的航空公司被排除在固定效应模型之外。因此，固定效应模型仅能对一个子样本进行估计，而随机效应模型能够对整个样本进行估计。

然而，随机效应模型假定航空公司之间的差异与自变量不相关，如果违背这一假定则会对估计结果造成偏误[219]。检验是否满足这一假设的方法是通过豪斯曼检验（Hausman Test）来比较固定效应模型和随机效应模型之间的差异。因为无法使用全部样本估计固定效应模型，也就无法使用全部样本进行豪斯曼检验，所以导致豪斯曼检验的可信度降低。所以在本章的假设检验部分，本书既报告了使用全部样本的随机效应模型，也报告了使用限制样本的固定效应模型。

6.3　假设检验

全部变量的描述性统计和两两相关系数矩阵如表 6.1 所示。回归模型自变量之间的相关系数值较低。因此，共线性在本章回归模型中不是一个严重的问题。

表 6.1　描述性统计和两两相关分析

变量	均值	标准差	1	2	3	4	5	6	7	8
1. 公司规模	2.65	1.19								
2. 公司年龄	0.36	0.48	0.59							
3. 公司运力	8.38	17.64	0.56	0.40						
4. 财务状况	−0.08	0.59	0.08	0.02	0.13					
5. 累计经验	17.01	63.99	0.36	0.32	0.65	0.07				
6. 自身事故经验一致性	0.35	0.45	−0.19	−0.17	−0.13	−0.12	−0.07			
7. 行业事故经验一致性	0.26	0.04	0.08	0.18	0.15	0.06	0.30	−0.05		
8. 重大事故数目	0.29	0.88	0.26	0.25	0.43	0.12	0.59	−0.06	0.08	
9. 一般事故数目	2.74	7.22	0.37	0.31	0.65	0.08	0.75	−0.09	0.38	0.38

表 6.2　航空公司安全事故面板泊松回归结果

	模型 1	模型 2	模型 3	模型 4	模型 5	模型 6	模型 7	模型 8
因变量	重大事故数目	重大事故数目	一般事故数目	一般事故数目	重大事故数目	重大事故数目	一般事故数目	一般事故数目
模型类型	固定效应	随机效应	固定效应	随机效应	固定效应	随机效应	固定效应	随机效应
公司类别 1	−0.08 (−0.22)	0.97** (3.79)	0.35** (2.94)	0.54** (4.63)	−0.75 (−1.33)	−0.20 (−0.56)	0.38 (0.97)	0.64† (1.79)
公司类别 2	−0.16 (−0.38)	1.37** (4.34)	0.22 (1.52)	0.44** (3.20)	−0.97 (−1.51)	−0.08 (−0.22)	0.05 (0.13)	0.43 (1.16)

续表

	模型1	模型2	模型3	模型4	模型5	模型6	模型7	模型8
因变量	重大事故数目	重大事故数目	一般事故数目	一般事故数目	重大事故数目	重大事故数目	一般事故数目	一般事故数目
模型类型	固定效应	随机效应	固定效应	随机效应	固定效应	随机效应	固定效应	随机效应
公司类别3	0.17 (0.22)	−0.59 (−1.03)	0.19 (0.60)	−0.39 (−1.17)	0.06 (0.05)	−0.02 (−0.02)	1.18† (1.67)	1.08† (1.69)
成立时间	—	0.30 (1.35)	—	0.44† (1.81)	—	0.26 (1.43)	—	0.19 (0.91)
飞行架次	0.00 (0.20)	0.01** (3.06)	0.03** (16.66)	0.03** (17.53)	0.00 (−0.01)	0.00 (1.33)	0.00** (16.27)	0.00** (16.82)
资产收益率（ROA）	0.20 (1.05)	0.22 (1.32)	0.06 (1.07)	0.07 (1.26)	0.35† (1.93)	0.32* (2.10)	0.17* (2.15)	0.17* (2.15)
累积经验	0.00** (5.07)	0.00** (4.22)	0.00* (2.25)	0.00* (1.96)	0.00** (4.13)	0.00** (6.20)	0.00 (0.36)	0.00 (0.56)
行业事故经验一致性	−5.61** (−4.40)	−4.43** (−3.59)	4.01** (9.48)	4.10** (9.71)	−2.96* (−2.04)	−2.83* (−2.06)	5.22** (9.82)	5.30** (10.04)
模型类型	固定效应	随机效应	固定效应	随机效应	固定效应	随机效应	固定效应	随机效应
自身事故经验一致性					0.06 (0.35)	0.03 (0.23)	0.16* (2.17)	0.13† (1.92)
截距	—	−1.45** (−3.55)	—	−1.53** (−7.50)	—	0.74 (1.53)	—	−1.13** (−2.89)
观测数目（N）	849	1298	1032	1298	283	284	275	284
似然值（Log likelihood）	−599.78	−822.14	−1936.04	−2369.59	−364.32	−446.83	−802.58	−954.70
赤池信息量准则（AIC）	1213.60	1664.30	3886.10	4759.20	744.60	915.70	1621.20	1931.40

注：** $p<0.01$，* $p<0.05$，† $p<0.1$。

表 6.2 显示采用固定效应模型和随机效应模型的面板泊松回归结果。其中，奇数模型为固定效应模型，偶数模型为随机效应模型。模型 1、2、5、6 采用重大事故数目作为因变量，模型 3、4、7、8 采用一般事故数目作为因变量。模型 1~4 仅以行业事故经验一致性作为因变量，模型 5~8 同时包括行业事故经验一致性和自身事故经验一致性。单独报告模型 1~4 的原因是，很多航空公司 3 年窗口时间内没有发生任何事故，这导致自身事故经验一致性包含大量缺失值，将自身事故

经验一致性作为自变量纳入回归模型中后会使样本数量急剧减少，这会在一定程度上对估计结果产生影响。为了更加准确地反映行业事故经验一致性对于事故数目的影响，本书既报告了仅以行业事故经验一致性作为自变量的大样本结果，也报告了同时包括行业事故经验一致性和自身事故经验一致性的小样本结果。

豪斯曼检验的结果如下：模型 1 与模型 2 比较应使用固定效应模型（Hausman χ^2 = 75.03，$p < 0.01$），模型 3 与模型 4 比较应使用随机效应模型（Hausman χ^2 = –25.67），模型 5 与模型 6 比较应使用随机效应模型（Hausman χ^2 = 8.85，$p > 0.1$），模型 7 与模型 8 比较应使用固定效应模型（Hausman χ^2 = 15.63，$p < 0.05$）。事实上，从表 6.2 中可以发现，固定效应模型和随机效应模型的估计结果基本一致，这为本书之后解释回归结果提供了方便，同时也说明回归结果比较稳健（Robust）。

假设 4 预测，一段时间内行业中其他组织偶发事件经验的一致性程度越高，则组织之后的绩效越好。模型 1 和模型 2 中行业事故经验一致性的回归系数方向为负并且显著（$p < 0.01$）。这说明一段时间内行业中其他航空公司所发生事故经验的一致性程度越高，则航空公司之后的重大事故数目越少。模型 3 和模型 4 中行业事故经验一致性的回归系数正向显著（$p < 0.01$）。这说明一段时间内行业中其他航空公司所发生事故经验的一致性程度越低，则航空公司之后的一般事故数目越少。因此，假设 4 只有在因变量是重大事故时才成立，在因变量是一般事故时结论正好相反。假设 4 获得部分支持。

假设 5 预测，一段时间内来自本组织偶发事件经验的一致性程度越高，则组织之后的绩效越好。模型 5 和模型 6 中自身事故经验一致性的回归系数不显著（$p > 0.1$）。这说明一段时间内航空公司自身所发生事故经验的一致性程度对航空公司之后的重大事故数目无影响。模型 7 中行业事故经验一致性的回归系数正向显著（$p < 0.05$）。这说明一段时间内航空公司自身所发生事故经验的一致性程度越低，则航空

公司之后的一般事故数目越少，这与所假设的符号正好相反。因此，假设 5 没有获得支持。

6.4　结　果　分　析

本章的实证研究结果可以归结为图 6.3。本书以经验重要程度（高和低）和经验来源（自身和行业）来划分四个象限。当经验重要程度低并且经验来源于自身时，经验的一致性越低则组织绩效越好；当经验重要程度低并且经验来源于行业时，经验的一致性越低则组织绩效越好；当经验重要程度高并且经验来源于自身时，经验的一致性对组织绩效无显著影响；当经验重要程度高并且经验来源于行业时，经验的一致性越高则组织绩效越好。

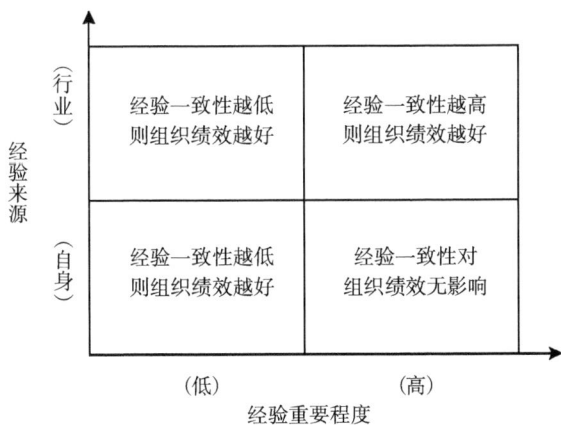

图 6.3　经验来源、经验重要程度与经验一致性的交互

当经验的重要程度低时，即组织所面临的多为一般性偶发事件时，事件的原因相对简单，因果关系比较清晰，不需要进行深入发掘。从某种程度上说，防范这些一般性事件只需要每隔一段时间对组织进行一定程度的提示即可。而一段时期内经验的一致性程度越低，经验所

涵盖的范围越广，对一般性事件的提示作用越强。由此可以解释，当经验重要程度低时经验的一致性越低则组织绩效越好。当经验的重要程度高时，即组织所面临的多为重大偶发事件时，事件的原因相对复杂，因果关系比较模糊，需要进行深入发掘才能准确识别。一段时期内经验的一致性程度越高越有助于组织开展刻意式学习，提高搜索的深度，提高将经验转化为知识的程度，从而提高组织绩效。同样是重大偶发事件，组织亲身经历和从行业中其他组织间接获取有很大差异。组织亲身经历的偶发事件，无论事件之间是否存在内在相关程度，其都会有较高的动机和意愿开展从偶发事件中学习。这解释了为什么在经验重要程度高且经验来自自身时经验一致性对组织绩效无影响。但对于从行业中其他组织发生的重大事件，尽管重要程度很高，但与自身经历的重大事件相比，组织在学习动机和学习行为上均有所欠缺（2.4 节和 4.3 节）。也就是说，经验的一致性会营造一种情境，影响组织的注意力和刻意式学习过程，最终影响组织从他人重大偶发事件中学习的成效。当然这些只是建立在本章实证结果基础上的推断，并没有进行严格的检验，有待在后续的研究中逐步开展。

6.5　本章小结

本书第 5 章的部分实证结果显示，当前偶发事件与上一次发生类似事件的时间间隔越长，则当前事件越能促进组织绩效提高。本章从这一反直觉的结果入手，从刻意式学习的作用时效和经验搜索范围两方面对其进行解释：一方面，刻意式学习的积极影响需要在一段时间之后才能体现。这从偶发事件时间间隔的起点一端对时间间隔与组织绩效的关系做出了解释。即在一定程度上，时间间隔越长，刻意式学习越能表现出积极影响，组织绩效也越好。另一方面，历史事件和当前事件之间的时间间隔决定了组织经验搜索的范围。这从偶发事件时间间隔的终点一端对时间间隔与组织绩效的关系做出了解释。即时间间隔越长，经验的搜索范围越大，组织绩效也越好。

本章在此基础之上提出，偶发事件经验的一致性能够对组织从偶发事件中学习的成效产生影响。经验的一致性表示一组经验之间的内在相似性。经验的一致性一方面能够同时对概念性学习和操作性学习产生影响，缩短刻意式学习活动产生负面影响的时间，使刻意式学习的积极影响更早显现；另一方面又能提高组织对既定搜索范围中经验的发掘深度，提高对已有知识利用效率。这两方面共同影响组织对于经验的识别和吸收能力，进而影响组织绩效。

本章的实证部分以 1991~2010 年美国航空公司所经历的 746 起重大事故和 6866 起一般事故为样本，检验了固定时间间隔中经验的一致性对于组织从经验中学习成效的影响。结果表明：①一段时间内航空公司自身所发生事故经验的一致性程度越低，则航空公司之后的一般事故数目越少；②一段时间内行业中其他航空公司所发生事故经验的一致性程度越低，则航空公司之后的一般事故数目越少；③一段时间内行业中其他航空公司所发生事故经验的一致性程度越高，则航空公司之后的重大事故数目越少；④一段时间内航空公司自身所发生事故经验的一致性程度对航空公司之后的重大事故数目无影响。

本章进而从经验的重要程度和经验的来源这两个维度对经验的一致性与组织绩效之间的关系进行解释。也就是说，经验的一致性并不总是越高越好，经验的一致性对于组织绩效的影响要综合经验的来源和经验的重要程度进行分析。在经验的重要程度（高和低）和经验的来源（自身和行业）的不同组合中，经验一致性对于组织绩效的影响机制不同，组织从偶发事件中学习成效也存在差异。后续研究需要针对图 6.3 所示的经验来源、经验重要程度与经验一致性的交互关系进行严格的实证检验。

第 7 章　结论

7.1　研究的主要结论

本书从"7·23"甬温线特别重大铁路交通事故这一现实问题入手，通过文献回顾、理论建构、案例剖析、实证检验等环节层层深入地分析了组织从偶发事件中学习的过程、成效及影响因素，并得到了一系列研究结论，现总结如下：

第一，本书提出了组织从经验中学习过程模型（见图 2.7），从经验学习的层次、组织经验的分类、组织从连续事件中学习以及组织从偶发事件中学习等方面对组织从经验中学习领域的文献进行了系统回顾。组织从经验中学习是一个将组织经验通过学习过程转化为组织知识，并最终提高组织绩效的过程。这一过程受到经验性质、学习活动特征、情境条件、任务特征以及组织的系统特征的影响。组织经验可以根据来源维度、内容维度、空间维度和时间维度进行细分，并且每种经验对应于特定的学习过程。

第二，本书提出了经验属性对组织从偶发事件中学习影响的理论模型。在对组织从经验中学习进行系统回顾的基础上，本书将研究重点转入对组织从偶发事件中学习进行研究。偶发事件的定义主要来自两个方面。一是从发生概率来看，偶发事件的发生概率很低；二是从影响范围和幅度来看，偶发事件突出且影响深远。与从连续事件中获得的经验相比，从偶发事件中获得的经验具有稀缺性、模糊性和复杂性等特点，这使得组织从偶发事件中学习非常困难，而且不恰当的经验学习过程甚至可能危害组织绩效。也正因为从偶发事件中获得的经验具有上述特点，已有的文献对组织从偶发事件中学习的关注相对较少。

在为数不多的相关研究中，证明各个组织间从偶发事件中学习效率存在差异的研究居多，能识别出影响学习效率因素的研究偏少；关注组织从自身发生的直接经验中学习的研究较多，关注从其他组织获得的间接经验中学习的研究较少；关注组织特征和任务特征的研究居多，关注情境因素的研究较少；关注自发式学习的研究较多，关注刻意式学习的研究较少；关注原因和结果之间直接关系的研究居多，关注中间过程和影响机制的研究偏少。

为了填补这一理论空白，本书提出了经验属性对组织从偶发事件中学习成效影响的理论模型（见图4.1）。模型的前因是从偶发事件中获得经验的内在属性，本书将其归结为异质性、重复性和一致性：异质性表示一定时期内所获得经验的多样和新颖程度；重复性表示一定时期内相似经验多次重现的程度；一致性是一定时期内所获得经验的内在相关程度。

偶发事件中所含经验的上述3种属性能够影响组织从偶发事件中学习的过程，具体如下：偶发事件及其所包含经验的属性可以成为一种激发组织学习的情境，这种特殊情境会使组织的注意力集中到偶发事件上，成为组织开展刻意式学习的动力。模型的结果变量是组织从偶发事件中学习的成效，具体包括组织知识、组织行为和组织绩效。刻意式学习能够促进对知识进行编码，即首先改变组织知识，使组织知道为什么（Know-Why）以及如何做（Know-How）。在组织知识变化的作用下，组织要么提高了改变行为的能力，要么使行为改变真实发生。组织行为的改变最终反映在组织绩效上。同时，组织绩效会对经验属性产生反作用。组织学习成效的提高会影响未来偶发性事件的发生数量，从而使组织经验的属性随之发生变化。

由于已有文献对经验异质性与组织绩效之间的关系进行了研究（4.4.1 小节），本书实证部分的研究重点是在经验属性对组织从偶发事件中学习成效影响理论模型的基础上，分别对经验的重复性和一致性对组织绩效的影响进行实证检验。

第三，本书研究了经验的重复性对组织从偶发事件中学习的影响。为了揭示该影响机制，本书提出了偶发性事件经验的重复性与情境的互动模型：偶发事件一方面触发了组织的刻意式学习行为，为组织从偶发事件中学习提供了机会和动力；另一方面，偶发事件经验的重复性又决定了影响刻意式学习程度的情境，调节组织从偶发事件中学习的成效。而组织知识、行为方式和组织绩效就在这一经验属性与情境的互动过程中发生改变。

以此为基础，本书提出可以通过重复数目、时间间隔和相关程度这 3 个指标来反映经验的重复性，并由此构建了经验重复性的测量体系，将经验的重复性这一抽象构念显性化（见图 5.1）。其中，重复数目是指历史上与当前偶发事件相同或高度相似事件的累积次数；时间间隔是指某一偶发事件与历史上最近一次发生的相同或相似事件之间的时间跨度；相关程度是指最近一次发生的与当前事件相同或相似的历史事件与组织相关的程度。

随后，本书分别对重复数目、时间间隔和相关程度对组织绩效的影响机制进行分析，并分别建立研究假设：重复数目对于组织绩效改进的影响主要通过对组织注意力进行动态分配来实现，时间间隔对于组织绩效改进的影响主要通过减缓经验折旧来实现，相关程度对于组织绩效改进的影响主要通过影响学习动机和意愿来实现。

为揭示经验的重复性对组织从偶发事件中学习的影响，本书以1991~2010 年美国航空公司所经历的安全事故为样本。通过对 746 起重大安全事故的原因进行分类和编码，构建了以航空公司当年发生的事故数目为因变量，以重复数目、时间间隔和相关程度为自变量，同时控制了公司规模、公司年龄、公司运力、财务状况、累积经验等因素的泊松回归模型。结果表明，如果当前事件之前重复发生的数目越多，当前事件距上一次发生的时间间隔越长，最近一次发生的与当前事件相同或相似的历史事件与组织相关程度越高，则当前事件越能促进组织绩效提高。

第四，本书发现当前偶发事件与上一次发生类似事件的时间间隔越长，则当前事件越能促进组织绩效提高。从刻意式学习的作用时效和经验搜索范围两方面，本书对经验重复性对组织从偶发事件中学习影响研究中出现的这一反直觉结果原因进行了深入探索：一方面，刻意式学习的积极影响需要在一段时间之后才能体现。即在一定程度上，时间间隔越长，刻意式学习越能表现出积极影响，组织绩效也越好。另一方面，历史事件和当前事件之间的时间间隔决定了组织经验搜索的范围。即时间间隔越长，经验的搜索范围越大，组织绩效也越好。

第五，本书研究了经验的一致性对组织从偶发事件中学习的影响。在对时间间隔越长组织绩效越好这一反直觉结果进行解释的基础上，本书提出经验的一致性能够对组织从偶发事件中学习的成效产生影响。经验的一致性表示一组经验之间的内在相似程度。经验的一致性一方面能够同时对概念性学习和操作性学习产生影响，缩短刻意式学习活动产生负面影响的时间，使刻意式学习的积极影响越早显现；另一方面又能提高组织对既定搜索范围中经验的发掘深度，提高对已有知识的利用效率。这两方面共同影响组织对于经验的识别和吸收能力，进而影响组织绩效。

为揭示经验的一致性对组织从偶发事件中学习的影响，本书同样以1991~2010年美国航空公司所经历的746起重大事故和6866起一般事故为样本，验证了固定时间间隔中经验的一致性对于组织从经验中学习成效的影响。结果表明：①一段时间内某航空公司自身所发生事故经验的一致性程度越低，则该航空公司之后的一般事故数目越少；

②一段时间内行业中其他航空公司所发生事故经验的一致性程度越低，则该航空公司之后的一般事故数目越少；③一段时间内行业中其他航空公司所发生事故经验的一致性程度越高，则该航空公司之后的重大事故数目越少；④一段时间内某航空公司自身所发生事故经验的一致性程度对该航空公司之后的重大事故数目无显著影响。这说明，经验的一致性并不总是越高越好，经验的一致性对于组织绩效的影响要综合经验的来源和经验的重要程度进行分析。在经验的重要程度（高和低）和经验的来源（自身和行业）的不同组合中，经验一致性对于组织绩效的影响机制不同，组织从偶发事件中学习成效也存在差异。

7.2 研究的主要贡献

7.2.1 研究的创新点

本书从理论和方法两个方面均进行了很多有益的尝试与探索。

本书的第一个理论贡献是从经验属性的角度来对不同组织从经验中学习速率的差异进行解释。之前以学习曲线为代表的相关研究从学习过程、任务特征和组织特征等方面对组织从经验中学习的速率进行解释。但是作为组织学习的源头，经验本身却未被引起足够的重视。其中重要的原因是，学者们普遍认为经验属性仅能对组织的自发式学习产生影响，即经验的属性会在持续经营过程中影响组织的学习与改进，但这种影响是一个被动的自然累积的过程，而非组织的主动性学习行为。在这个被动学习过程中，由于无法预见将会获得何种经验，因此也就无从研究经验属性如何对组织学习过程产生影响。

本书虽然并不否认经验的获得是一个被动的过程，但却认为经验的内在属性能够从两方面影响组织从经验中学习的过程。一方面，每次事件，尤其是对组织产生较大影响的偶发性事件能够触发组织的刻意式学习行为，为组织开展从经验中学习提供了机会和动力；另一方面，当前事件与历史事件之间的关系能够对组织情境产生影响，不同的情境能够触发组织采取不同的主动性学习行为，调节组织从偶发事件中学习的成效。组织知识、行为和绩效就在这一经验属性与情境的互动过程中发生改变。因此，组织可以化被动为主动，以事件的发生为契机开展主动性学习行为，提高从经验中学习的成效。

本书的第二个理论贡献是对组织从偶发性事件中学习的内在过程进行深入探讨。偶发事件是指发生概率低且对组织影响程度大的事件。由于从偶发事件中获得的经验具有稀缺性、模糊性和复杂性等特点，组织从偶发事件中学习的过程非常困难，而且不恰当的经验学习过程甚至可能危害组织绩效。组织从偶发事件中学习是最近几年的研究热点，但已有的研究多数是在检验经验累积与绩效改进之间的直接统计关系，对组织从偶发事件中学习的内在机制以及偶发事件如何通过一系列中间过程对组织绩效产生影响等问题关注较少。

本书提出组织从偶发事件中学习的过程包括情境、注意力和刻意式学习 3 个阶段：①偶发事件通常会对组织造成较大的影响，所以偶发性事件本身可以成为一种激发组织学习的情境。情境可以是某一个特殊事件，也可以是几个典型事件的有序组合。当前事件与某历史事件存在一定程度的相关性时，这种情境能促进组织发现行为和结果之间的连接，有助于从经验到知识的转化。②偶发性事件所营造的特殊情境会吸引组织的注意力，促使注意力在组织范围内重新分配。组织将注意力集中在某个或某几个偶发事件有助于防止此类事件再次发生：一方面，组织注意力将改变组织的认知能力，使组织快速准确地识别出问题所在；另一方面，组织学习将从无意识的行为变为有意识的行为，开始开展刻意式学习，从自动或半自动的行为变成主动的行为。③组织开展刻意式学习的动力来自偶发性事件所引发的注意力。刻意式学习是学习主体有计划地获取、创造和应用新知识的过程，反映了学习主体的主观学习意志。刻意式学习有助于对学习过程进行连接和编码，促进经验分享，进而厘清因果关系，提高决策质量和绩效水平。

本书的第三个理论贡献是提出了经验属性这一构念。经验的内在属性反映了组织在一段时期内所发生事件之间的相互关系，本书将其分为异质性、重复性和一致性这 3 个维度来进行研究。异质性表示一定时期内所获得经验的多样和新颖程度，重复性表示一定时期内相似经验多次重现的程度，一致性是一定时期内所获得经验的内在相关程度（4.4 节）。虽然之前的研究已经将经验从来源维度、内容维度、空间维度和时间维度进行了划分（2.2 节），但与这些分类不同，本书更强调将组织在一段时期内获得的多次经验进行综合考虑，而不是针对某一特殊事件及其从中获取的经验。本书关注多次经验的共同属性的原因是要突出强调经验属性对情境的影响，单一事件能够触发组织学习但对情境的影响有限。当前事件与某次或某几次历史事件存在一定程度的联系时，组织所面临的是一种强情境，这有助于组织发现行为和结果之间的连接，促进从经验到知识的转化。由于前人对于经验异质性已经有了部分实证研究且结论相对成熟（4.4.1 小节），本书主要对重复性和一致性对组织从偶发事件中学习的影响进行了实证检验。

本书的第四个理论贡献是明确了组织学习成效的内在逻辑关系。学者们普遍认为组织学习起始于经验，但对组织学习最终影响的结果变量一直难以形成统一意见。有学者认为组织学习带来了知识的改变，也有学者认为组织学习带来了组织行为方式的改变，还有学者认为组织学习带来了组织绩效的改变（详见本书第 2 章和 4.3 节）。本书提出知识、行为和绩效这三者并不矛盾，从 3 个方面共同反映了组织学习的成效。而且这 3 个方面之间存在内在的逻辑关系。组织学习首先带来的是组织知识的改变。刻意式学习行为能够创造知识，提高组织的知识水平，但组织知识的改变是一种潜移默化的过程，组织行为的改变才是组织知识改变的外在表现形式。在组织知识的作用下，组织要么提高了改变行为的能力，要么使行为改变真实发生。组织行为的改变最终反映在组织绩效上，尽管组织的学习行为并不一定能确保提高组织绩效。因此，组织学习成效的显现是一个从组织知识改变到组织行为改变，最终到组织绩效改变的传导过程。由于知识和行为相对难以测量，学者们也更倾向于用组织绩效的改变来反映组织知识和组织行为的改变。

从研究方法方面，本书使用真实客观的航空企业事故数据为研究样本，并且基于面板数据建构泊松回归模型，与传统的通过问卷调研获得的主观的截面数据相比具有先进性。在美国国家运输安全委员会对于事故原因的初步分类的基础上，本书提出了包括5个大类28个子类的航空事故原因分类体系，并对263家航空公司在20年间经历的746起重大事故的原因进行编码，最终形成了一个大样本面板数据集合。与通常通过问卷等方式获得的横截面数据相比，面板数据包含的信息更为丰富。面板数据集合的截面维度上包含了各个航空公司之间的差异，同时又在时间维度上包含了各航空公司学习成效的发展变化趋势。因为组织学习是一个动态过程，所以组织学习领域的学者们始终倡导使用时间序列数据来开展研究。因此，本书基于内容编码构建出来的面板数据样本能够客观准确地反映组织从偶发事件中学习的过程、成效及影响因素。

此外，本书基于对事故原因的编码结果构建出了重复数目、时间间隔和相关程度这3个反映经验重复性的指标体系，并且使用事故—原因二模网络密度表示经验的一致性，由此将重复性和一致性这两个构念进行了操作化处理。这些创新性的做法对后续研究具有一定的启示意义。

7.2.2 研究的实践意义

经验对于组织来说是一笔宝贵的财富。例如本书在 2.3 节中回顾的学习曲线研究表明，经验的积累能够提高组织的生产率并降低生产成本。但有些时候，经验又会对组织造成误导，阻碍组织做出正确的决策。例如本书在 4.2.1 小节中给出的哥伦比亚号航天飞机灾难事故的案例中，美国太空总署在哥伦比亚号发射升空时就发现机体结构被泡沫材料击中，但这一问题未被重视的主要原因是，3 个多月之前阿特兰蒂斯号航天飞机发射时也曾被同样的泡沫材料击中但却安全返航，这使美国太空总署忽视了泡沫脱落对安全飞行的影响，由此酿成哥伦比亚号返航时因高温气体从被泡沫材料击中时产生的裂缝中灌入，最终导致航天飞机解体的惨剧。因此，March（2010）指出，经验可以是一个好老师，但也可以是一个不完美并且存在缺陷的老师[5]。

决定组织从经验中学习成败的一个重要原因就是经验获取频率的差异。对于组织来说，产品召回、兼并重组及灾难事故等事件的发生频率极低，这使得组织从这些偶发事件中获取的经验具有稀缺性、模糊性和复杂性的特点，因此这些经验往往是不完整并且存在局限的，并不能真实准确地反映客观现实。决定组织从经验中学习成败的另外一个重要影响因素就是组织获取、整理、存储及应用经验的能力。对于很多组织来说，经验的获取仍是一种自发性行为，经验在很大程度上是组织个人或部门提升自身价值的专属物品，经验难以在组织部门之间流动，也无法在组织记忆中长期留存。为了解决上述矛盾问题，本书从以下 3 个方面为组织开展从偶发事件中学习提供了完整的解决方案。

第一，组织应积极地从每一次偶发事件中获取经验，尽可能扩大经验的样本数量，同时用新获得的经验不断来验证已有的知识。正因为偶发事件发生频率很低，所以从偶发事件中获得的经验是一种稀缺资源。经验的稀缺性限制了经验的有效性。由本书 6.1.1 小节可知，只有当经验积累到一定水平后才能相对完整地反映原因和结果之间的真实关系，此时组织开展从经验中学习才会促进组织绩效的提升。而当组织经验较少时，组织应用经验反而会降低组织的绩效效果。为了扩大经验的来源，组织可以从间接经验和历史经验这两方面入手。间接经验是来自行业中其他组织的经验。与直接经验相比，间接经验的准确性和可靠性较低，并且对其理解和应用相对困难，但间接经验数量丰富且更为客观，能够作为直接经验的重要补充。历史经验是指过去发生的与当前事件相类似的事件中包含的经验。虽然历史经验的价值会随时间流逝而不断折损，但仍能促进组织深入发掘经验的价值，具有较强的借鉴意义。因此，组织可以通过将间接经验与直接经验相结合，将历史经验与当前经验相结合来扩充经验来源，凭借大样本经验来发现因果关系，从而提高组织决策质量。

第二，组织要对偶发事件进行深入发掘，既要重视对单一偶发事件进行详细文字叙述，又要重视对多次偶发事件进行综合数量分析。组织对经验的发掘和整理过程可以依照本书 3.1 节中提出的叙述、分类、编码和解析四步骤实践方法来开展。叙述是指对偶发事件的各种构成要素进行详细的介绍，包括事件的时间、地点、人物、起因、经过和结果，而且还包括导致事件发生的各种情境因素。叙述以及在叙述过程中形成的文本是对组织开展从偶发事件中学习的基础。分类是对已在组织中形成共识的叙述内容进行深度挖掘的过程，其以通用和客观的标准将事件归纳为一个或多个类别，以便分析某一类别经验的共性和应对策略，使组织成员能够根据已有的经验类别找到对应的知识和有效应对措施。编码指在对经验进行叙述描述和定性分类的基础上对经验进行量化处理的过程。编码一方面使组织能够方便地借助信息技术手段（知识经验管理系统）来检索经验，另一方面则是在经验之间建立连接并进行定量分析，在跨越时间和空间的不同事件之间彼此建立连接，激发组织成员从全新的视角进行思考，以便更加深入地反映决策与绩效之间的因果关系，并对已有的实践方式赋予全新含义，创造出新颖有效的行为方式。解析是指在抽象层面对已经编码经验的内在属性进行深度分析。解析过程关注的重点已经从某一或某几个特殊事件转为某一组事件所具有的潜在特性，例如异质性、重复性和一致性。

第三，组织从偶发事件中学习要重视经验的属性，并将经验属性与组织情境相结合。虽然组织无法预知将在何时发生何种事件，即从偶发事件中学习经验是一个被动的自然积累过程，但偶发性事件在触发组织学习的同时又能够对组织情境产生影响。组织可以结合情境采取主动性的刻意式学习行为，提高从某一偶发事件中学习的成效。也就是说，组织将经验转化为知识的过程要与情境相结合。情境可以是某一个特殊事件，也可以是多个典型事件的有序组合。当前偶发事件为组织创造了一个绝佳的学习机会。为了尽可能提高学习成效，组织不应仅将学习的对象限于当前事件，而应将与之相关的间接经验和历史经验也包括进来，分析与当前事件相关的某一组或一类事件的内在属性，实现触类旁通、举一反三，将对于当前事故的被动应对转为向一系列相关事故的主动学习。

上述 3 个方面由浅入深层层深入，不但反映了组织开展从偶发事件中学习所要经历的不同阶段，而且反映了组织开展从偶发事件中学习的能力和水平。一定规模的偶发事件样本是对经验进行深入发掘的基础，在保证质量的前提下增加样本数量能在一定程度上克服偶发事件所含经验的稀缺性、模糊性和复杂性，提高从已知部分经验推断未知客观规律的准确程度。组织依照叙述、分类、编码和解析 4 个步骤来开展从经验中学习能够提高组织获取、整理、存储及应用经验的能力，促进了个人经验和部门经验转化为组织知识，使经验和知识在不同部门之间流动，并且能够使经验和知识在组织范围内长期保存，以便在需要时通过信息技术手段快速准确地获取相关经验来辅助决策。另外，从偶发事件中学习经验的目的不是为了在今后机械地套用已有经验，而是要在对已有经验进行反思的基础上结合当前组织情境提出全新的具有开创性的解决方案。从多个维度对经验进行编码能将分布于不同时间和空间维度的经验彼此连接，使组织能在短时间内完整地回顾先前经验中哪些做法有助于提高绩效，哪些做法会损害绩效，以及为什么这些做法会损害绩效。对这些问题的思考有助于组织从全新视角提出新颖独到的解决方案。组织从偶发事件中学习要与组织情境相结合。根据本研究第 5 章和第 6 章的实证结果，当前发生的偶发事件能够触发组织开展学习，但真正决定组织从偶发事件中学习成效的是由经验属性所决定的组织情境。从实质上说，异质性、重复性和一致性等经验的内在属性反映了一组偶发事件之间的内在关系。组织要想提高从偶发事件中学习的成效，就要善于发现本组织事件与行业中其他组织事件之间的关系，以及当前事件与历史事件之间的关系，根据这些事件关系所决定的经验属性来主动地营造学习情境，引发组织对于不同事件的关注和刻意式学习行为，从而提高组织学习成效。

本书的研究结论对企业组织以及行业监管部门均具有一定的启示意义。对于组织来说，从偶发事件中学习不但要重视知识管理系统硬件建设，而且更要重视经验的获取、整理、存储及应用的全过程，以及相应的管理制度和文化建设。在我国建设学习型社会的背景下，很多组织积极倡导从经验中学习，希望将组织打造成学习型组织，并且投入了大量的人力和物力建设知识管理系统，有的还在知识管理系统中专门设立了与知识经验的获取与分享相关的模块，但大部分组织的此类学习行为收效不大，其原因是组织简单地认为只要建立了系统硬件平台，知识经验的积累和分享就会自然发生。事实上，在很多组织虽然建立了知识或经验管理系统，但因疏于管理，系统中的案例数量不充足、案例描述不详细、案例检索不方便、检索结果不完整。基于这样的不完整信息进行的决策非但不能提高组织绩效，反而可能会起到负面效果。此外，在很多组织中，组织成员不愿意参与学习过程，试图回避学习过程，尤其是对失败经验的学习中可能面临的责任追查和人际风险。这些氛围和文化方面的影响因素会大大降低组织从经验中获取知识的数量和质量。

为了解决上述问题，本书建议组织在开展从偶发事件中学习时应从两方面着手：一方面，要在扩大组织经验样本的同时重视对经验的发掘和整理。组织应设立专门的情报部门负责对直接经验和间接经验、当前经验和历史经验进行收集整理，以固定的格式记录每一事件的基本信息，并对事件的起因、经过和结果进行详细的描述。另一方面，在描述的基础上使用多套分类体系对内容进行编码，以在事件之间建立可量化的相互关联，便于检索相关内容，并且对经验的内在属性进行深入分析；关注组织的制度和文化建设。组织要对确保每个偶发性事件进行反思并形成书面报告，根据当前事件和历史相关事件建立预案，并将组织成员参与从偶发事件中学习的程度纳入评价和薪酬体系。同时，组织应在内部营造一种安全的心理氛围，倡导一种包容失败的组织文化。这有助于组织成员打消因失败而遭受惩罚或责怪的顾虑，鼓励组织成员通过实验来寻找改进办法，使发现错误、分析错误和改正错误成为个人职责的一部分。

对于行业监管部门来说，一是要建立科学规范的从偶发事件中学习经验的流程，引导和推动行业内的组织积极开展从偶发事件中学习，并且建立统一的行业数据库，促进组织之间经验的分享与传播。以我国航空产业为例（3.3 节），民航总局通过规范的事故调查及原因报告制度，监督并且参与各航空公司从灾难事故中学习的全过程。事故的情节和原因叙述最终被汇集到中国民用航空安全信息网下设的航空安全事故数据库中，以供各航空公司查询。与美国等发达国家相比，国内民航产业在经验的叙述和分类等方面尚待提高。在事故情节的叙述方面，美国国家运输安全委员会针对每一起事故发布一份详细的调查报告，报告中叙述的格式固定且主要内容相对一致。而我国航空安全事故数据库中对于事故的叙述仍然比较随意，不利于事件之间相互比较。在事故原因的分类方面，美国国家运输安全委员会使用多个类别对每一项事故进行分类，叙述信息得到最大限度的保留。而我国航空安全事故数据库中仅用单一类别对事故原因进行分类，即事故被归为最具代表性的类别，其他可能涵盖的类别被忽略。二是要推进行业信息公开。对偶发事件会引发较大社会影响的行业，例如本书所研究的民航产业，行业监管部门要在一定程度上将事件调查结果向社会公开。信息公开不但能使行业接受社会力量的监督，而且社会力量对于事件经验的研究和探讨也有助于发现深层原因。在这方面，美国国家运输安全委员会的做法值得国内相关部门借鉴，其发布的每一份事故调查报告（样例见图5.3）均向全世界公开，世界各地的相关人员均可以从其网站下设的数据库中下载事故报告全文。而我国的航空安全事故数据库的访问具有严格的权限要求，数据获取难度较大，这给经验的深入发掘人为地设置了障碍。

虽然行业监管部门从偶发事件中学习的核心是事后的总结和反思，但是这一学习过程对偶发事件的事前侦测预警以及事中的应急处置都具有积极的促进作用，因此具有较高的实践价值。但总体而言，当前我国各级行业监管部门对从偶发事件中学习的重视程度不高，过程不够系统，方法不够科学，这使得当前的组织学习行为在很大程度上仍处于自发、盲目的状态，最终导致组织学习成效不高，总是在犯相同的错误。为此，本书对行业监管部门在现阶段加强从偶发事件中学习提出了以下4点建议：

首先，各级行业监管部门应将偶发事件之后的调查与反思规定为常态化步骤，而不是针对某一两次偶发事件的个别行为。事实上，如果没有及时对偶发事件各种构成要素进行详细分析和记录，那么在一段时间之后，由该事件导致的人员伤亡或财产损失换来的经验教训很容易被遗失。同时，不应区别对待重要等级不同的经验。来源于一般偶发事件与重大偶发事件的经验同等重要，一般偶发事件的经验不但是重大偶发事件经验的补充，而且对重大偶发事件的监测预警和应急处置等方面都有重要的提示作用。因此，对事件经验的汇总与整理应提升为各级偶发事件应急预案中一项不可缺少的任务环节。

其次，各级行业监管部门需要规范偶发事件的事后调查过程，并且制定各类别偶发事件叙述文本的标准格式。为提高经验获取的全面性和准确性，应由行业监管部门主导，相关各方共同参与，对偶发事件开展及时的事后调查。对于某些责任型偶发事件，应该本着自愿性、保密性和非处罚性的原则，开辟自愿报告为主，行业监管部门监督为辅的途径，从而及时发现可能被有意隐瞒的安全隐患和薄弱环节。而对于那些调查过程较长或经验获取较为困难的事件，需要在事后较短的时间内发布临时报告，在事件调查全部完成后再发布正式报告，以便提高经验的时效性和利用率。此外，行业监管部门不仅应根据事件的不同类别制定叙述文本的标准格式，而且还应通过叙述文本对不同事件进行比较，并在叙述文本的基础上开展深入研究。

再次，各级行业监管部门要在对偶发事件进行分类和编码的基础上，推进国家级偶发事件数据库建设。分类和编码是将偶发事件经验显性化，并且提高经验利用率的有效途径。这两个过程应在行业监管部门的指导下，由相关领域的专家来完成。在初始进行分类与编码时，要注意事件类别与编码要素的连贯性与可扩展性，从而降低重大修订的次数。同时，为适应大数据时代的特点，行业监管部门应根据偶发事件的类别建立相应的国家级事件数据库，在国家层面实现经验同享，同时加强对经验样本的挖掘，以便克服由偶发事件的稀缺性和复杂性所导致的认识局限，提高各级行业监管部门今后经历类似事件时应急决策的质量。

最后，应建立行业监管部门主导的偶发事件经验的学习与分享机制。通过自上而下的应急管理业务培训来推进应急管理经验的传播与分享，提高各级行业监管部门，尤其是应急管理干部的岗位履责能力，以便有效防范和及时妥善应对各类重特大偶发事件。同时，各级行业监管部门应该加强与科研院所及高校之间的合作，借助云计算对数据库中的偶发事件经验进行全面解析。通过分析事件之间的内在联系并构建相应的统计指标，建立偶发事件的早期预警机制。这样不仅能够提示行业监管部门关注某些隐匿征兆，提高行业监管部门决策者对某些微弱线索的主观感知，而且能够降低类似偶发事件在今后的发生概率和影响程度，提高行业监管部门从偶发事件中学习的成效。

7.3　研究局限及未来展望

由于时间和精力所限，本书同样存在一些不足之处，以待在后续研究中逐步完善。第一，本书将经验属性归结为异质性、重复性和一致性，并且在实证过程中检验了重复性和一致性对于组织从偶发事件中学习的影响，但受样本数目限制，本书未检验 3 种属性之间的交互效应。后续研究应在同一模型中验证三种属性交互项对组织从偶发事件中学习的影响。第二，由于精力所限，本书仅对美国民航产业 20 年间发生的重大事故的原因进行了编码，而出于多种考虑没有对一般事故进行编码。其隐含假设是导致重大事故和一般事故的原因类别基本相同，从重大事故中吸取的经验教训同样有助于降低一般事故的数目。后续研究应对一般事故原因进行细致分析。第三，本书对航空事故进行编码的依据是美国国家运输安全委员会在事故报告中对事故原因的初步分类。但由于美国国家运输安全委员会从 2008 年开始采用了新的事故原因表示方法，为前后一致，本书将由新方法表示的事故原因统一用旧方法来表示。虽然对于绝大部分事故来说，这一转换清晰明了，但也存在个别相对难以判别的事故。因为本书并未使用多人重复编码，因此导致编码信度有所降低。第四，虽然本书研究的偶发事件通常会造成巨大的影响且教训惨痛，但这些事件的价值同样随时间流逝而减损。本书并未采取措施对经验折损进行处理，后续研究中需要对此进行关注。第五，由于缺乏相关数据，因此本研究并未控制组织战略、组织文化以及组织管理者的心理因素对组织从偶发事件中学习的影响，后续研究中要对这些隐性影响因素进行关注。

参考文献

［1］Lampel J, Shamsie J, Shapira Z. Experiencing the improbable: Rare events and organizational learning ［J］. Organization Science, 2009, 20 (5): 835-845.

［2］邓少军, 赵付春. 组织非常规偶发事件认知研究评介与展望 ［J］. 外国经济与管理, 2012, 34 (2): 35-42.

［3］Madsen P M. These lives will not be lost in vain: Organizational learning from disaster in us coal mining ［J］. Organization Science, 2009, 20 (5): 1080-1396.

［4］Rerup C. Attentional triangulation: Learning from unexpected rare crises ［J］. Organization Science, 2009, 20 (5): 876.

［5］March J G. The ambiguities of experience ［M］. Cornell University Press, 2010.

［6］中国经济网. 肯德基麦当劳原料鸡45天速成 工人称饲料把苍蝇毒死了 ［EB/OL］. （2012-11-23）http://finance.ifeng.com/news/corporate/20121123/7338485.shtml.

［7］每经网. 肯德基承认使用问题鸡肉原料: 粟海集团仅占采购量1% ［EB/OL］. （2012-11-23）http://finance.ifeng.com/news/corporate/20121123/7340890.shtml.

［8］中国新闻网. 粟海集团速成鸡事件迷雾重重 肯德基避谈药物饲料 ［EB/OL］. （2014-08-20）http://www.cqn.com.cn/news/zhuanti/xfzt/suchengji/wshg/655809.html.

［9］每经网. 激素增肥不是传说 "地塞米松"鸡被央视曝光［EB/OL］.（2012-12-19）http：//www.nbd.com.cn/articles/2012-12-19/701824.html.

［10］成都商报. 央视曝光两地急查"素"成鸡［EB/OL］.（2012-12-19）http：//news.ifeng.com/gundong/detail_2012_12/19/20302157_0.shtml.

［11］人民网—国际金融报. 麦当劳"招供""六和鸡"进过其厨房［EB/OL］.（2012-12-31）http：//www.chinafood365.com/news/show-6432.html.

［12］中国新闻网. 百胜就"速成鸡"致歉 称将主动通报自检的问题［EB/OL］.（2013-01-10）http：//finance.chinanews.com/cj/2013/01-10/4476770.shtml.

［13］京华时报. 麦当劳肯德基供应商用过期肉 优先供中国市场使用 ［EB/OL］.（2014-07-21）http：//finance.qq.com/a/20140721/007678.htm.

［14］新华网. 麦当劳暂停福喜中国食品原料供应 部分餐厅断货［EB/OL］.（2014-07-28）http：//money.163.com/14/0728/17/A28OMUC-400253B0H.html.

［15］国务院甬温线特别重大铁路交通事故调查组."7·23"甬温线特别重大铁路交通事故调查报告［R］. 2012.

［16］财新网. 高铁事故调查难收场：类似故障又发生两次［EB/OL］.（2011-11-30）http：//news.qq.com/a/20111129/001149.htm.

［17］浙江在线. 只是雷击吗？专家解读温州动车追尾事故原因［EB/OL］.（2011-07-26）http：//edu.zjol.com.cn/05edu/system/2011/07/25/017706425.shtml.

［18］财新网. 因雷击引发的八次火车事故一览［EB/OL］.（2011-07-26）http：//www.caing.com/2011-07-26/100283863.html.

［19］财经网. 甬温线等三线列控中心设备存在严重缺陷［EB/OL］.（2011-12-29）http：//politics.caijing.com.cn/2011-12-29/111573836.

html？_fin.

［20］中国经营报. 12306 招投标迷雾：铁道部涉嫌程序违规 ［EB/OL］．（2012 –01 –14）http：//tech.sina.com.cn/i/2012 –01 –14/ 13096638708.shtml.

［21］国务院胶济铁路特别重大交通事故调查组. "4·28"胶济铁 路特别重大交通事故调查报告 ［EB/OL］．（2009–03–12）http：//www. docin.com/p–394017441.html.

［22］中国新闻网. 杜绝铁路严重事故再发生　铁道部开展安全大 检查 ［EB/OL］．（2008 –05 –08）http：//www.chinanews.com/gn/news/ 2008/05–08/1243456.shtml.

［23］Rogers Commission. Report of the Presidential Commission on the Space Shuttle Challenger Accident ［EB/OL］．（1995–08–20）http：//history. nasa.gov/rogersrep/v1ch2.htm.

［24］Russo J E, Schoemaker P J H. Decision traps：The ten barriers to brilliant decision–making and how to overcome them ［M］．New York： Simon & Schuster，1990.

［25］丘慧慧. TCL 和阿尔卡特的买卖关系 ［N］．21 世纪经济报道， 2005–05–18.

［26］孙聪颖. TCL 海外并购反遭巨额索赔 ［N］．北京商报，2011– 03–22.

［27］蓝狮子，吴晓波. 鹰的重生：TCL 追梦三十年 （1981~2011） ［M］．中信出版社，2012.

［28］李东生，闫威. TCL 十年国际化总结：我快变成金刚石了 ［N］．经济观察报，2012–01–09.

［29］Easterby –Smith M，Crossan M，Nicolini D. Organizational learning：Debates past，present and future ［J］．Journal of Management Studies，2000，37（6）：783.

［30］Fiol C M，Lyles M A. Organizational learning ［J］．Academy of

Management Review, 1985, 10 (4): 803–813.

［31］ Argote L, Miron –Spektor E. Organizational learning: From experience to knowledge ［J］. Organization Science, 2011, 22 (5): 1123–1137.

［32］ Crossan M M, Lane H W, White R E. An organizational learning framework: From intuition to institution ［J］. Academy of Management Review, 1999, 24 (3): 522–537.

［33］ Holmqvist M. Experiential learning processes of exploitation and exploration within and between organizations: An empirical study of product development ［J］. Organization Science, 2004: 70–81.

［34］ Wilson J E, Goodman P A, Cronin M A. Group learning ［J］. Academy of Management Review, 2007, 32 (4): 1041–1059.

［35］ Argote L, Mcevily B, Reagans R. Managing knowledge in organizations: An integrative framework and review of emerging themes ［J］. Management Science, 2003: 571–582.

［36］ Huber G P. Organizational learning: The contributing processes and the literatures ［J］. Organization Science, 1991, 2 (1): 88–115.

［37］ Walsh J P, Ungson G R. Organizational memory ［J］. Academy of Management Review, 1991, 16 (1): 57–91.

［38］ Daft R L, Weick K E. Toward a model of organizations as interpretation systems ［J］. Academy of Management Review, 1984, 9 (2): 284–295.

［39］ Madsen P M, Desai V. Failing to learn? The effects of failure and success on organizational learning in the global orbital launch vehicle industry ［J］. Academy of Management Journal, 2010, 53 (3): 451–476.

［40］ Adler P S. Market, hierarchy, and trust: The knowledge economy and the future of capitalism ［J］. Organization Science, 2001, 12 (2): 215–234.

［41］ De Holan P M, Phillips N. Remembrance of things past? The dynamics of organizational forgetting ［J］. Management Science, 2004: 1603-1613.

［42］ Levitt B, March J G. Organizational learning ［J］. Annual Review of Sociology, 1988, 14: 319-340.

［43］ Felin T, Hesterly W S. The knowledge-based view, nested heterogeneity, and new value creation: Philosophical considerations on the locus of knowledge ［J］. Academy of Management Review, 2007, 32 (1): 195-218.

［44］ Groysberg B, Lee L E, Nanda A. Can they take it with them? The portability of star knowledge workers' performance ［J］. Management Science, 2008, 54 (7): 1213-1230.

［45］ Huckman R S, Pisano G P. The firm specificity of individual performance: Evidence from cardiac surgery ［J］. Management Science, 2006, 52 (4): 473.

［46］ Argyris C, Schon D A. Theory in practice: Increasing professional effectiveness ［M］. Jossey-Bass San Francisco, 1974.

［47］ Argyris C, Schon D A. Organizational learning: A theory of action perspertive ［M］. MA: Addison Wesley, 1978.

［48］ Argyris C, Schon D A. Organizational learning: Theory, method and practice ［M］. Mass: Addison-Wellesley, 1996.

［49］ March J G. Footnotes to organizational change ［J］. Administrative Science Quarterly, 1981, 26 (4): 563-577.

［50］ Fiol C M, Lyles M A. Organizational learning ［J］. Academy of Management Review, 1985, 10 (4): 803-813.

［51］ Argote L. Organizational learning: Creating, retaining, and transferring knowledge ［M］. Boston: Kluwer Academic Publishers, 1999.

［52］ Baum J A C, Ingram P. Survival-enhancing learning in the

Manhattan hotel industry, 1898–1980 [J]. Management Science, 1998, 44 (7): 996–1016.

[53] Zhou X. The dynamics of organizational rules [J]. American Journal of Sociology, 1993, 98 (5): 1134–1166.

[54] Kolb D A. Experiential learning: Experience as the source of learning and development [M]. Prentice-Hall, 1984.

[55] Kolb D A, Boyatzis R E, Mainemelis C. Experiential learning theory: Previous research and new directions [J]. Perspectives on thinking, learning, and cognitive styles, 2001: 227–247.

[56] 陈国权, 宁南. 组织从经验中学习: 现状、问题、方向 [J]. 中国管理科学, 2009, 17 (1): 157–168.

[57] Kofman F. Lecture Slides. Cambridge, Massachusetts: MIT Sloan School of Management [Z]. 1992.

[58] Crossan M M, Lane H W, White R E. An organizational learning framework: From intuition to institution [J]. Academy of Management Review, 1999, 24 (3): 522–537.

[59] 于海波, 方俐洛, 凌文辁. 组织学习整合理论模型 [J]. 心理科学进展, 2004 (2): 246–255.

[60] 于海波, 方俐洛, 凌文辁. 组织学习及其作用机制的实证研究 [J]. 管理科学学报, 2007 (5): 48–61.

[61] 于海波, 方俐洛, 凌文辁. 我国企业学习取向的初步研究 [J]. 中国管理科学, 2003 (6): 96–101.

[62] Argote L, Todorova G. Organizational learning: Review and future directions [M]. International review of industrial and organizational psychology, Hodgkinson G P, Ford J K, New York: Wiley, 2007, 193–234.

[63] Argote L. Organizational learning and knowledge management [M]. Oxford Handbook of Industrial and Organizational Psychology,

Kozlowski S, 2011.

［64］ Argote L, Gruenfeld D, Naquin C. Group learning in organizations ［M］. Groups at work: Theory and research, Turner M E, Mahwah, New Jersey: Lawrence Erlbaum Associates, 2001, 369-411.

［65］ Gino F, Argote L, Miron-Spektor E, et al. First, get your feet wet: The effects of learning from direct and indirect experience on team creativity ［J］. Organizational Behavior and Human Decision Processes, 2010, 111（2）: 102-115.

［66］ Kim P. H. When what you know can hurt you: A study of experiential effects on group discussion and performance ［J］. Organizational Behavior and Human Decision Processes, 1997, 69（2）: 165-177.

［67］ Taylor A, Greve H R. Superman or the fantastic four? Knowledge combination and experience in innovative teams ［J］. Academy of Management Journal, 2006, 49（4）: 723-740.

［68］ Boh W F, Slaughter S A, Espinosa J A. Learning from experience in software development: A multilevel analysis ［J］. Management Science, 2007, 53（8）: 1315-1331.

［69］ Schilling M A, Vidal P, Ployhart R, et al. Learning by doing something else: Variation, relatedness, and organizational learning ［J］. Management Science, 2003, 49（1）: 39-56.

［70］ Cyert R M, March J G. A behavioral theory of the firm ［M］. Wiley-Blackwell, 1992.

［71］ Bohn R E. Noise and learning in semiconductor manufacturing ［J］. Management Science, 1995, 41（1）: 31-42.

［72］ Repenning N P, Sterman J D. Capability traps and self-confirming attribution errors in the dynamics of process improvement ［J］. Administrative Science Quarterly, 2002, 47（2）: 265-295.

［73］ Zhao C, Chen G. Who knows what and who is reliable:

Transactive memory system in multiactivity task environment [J]. Working Paper, 2011.

[74] March J G. Exploration and exploitation in organizational learning [J]. Organization Science, 1991, 2 (1): 71–87.

[75] Levinthal D A, March J G. The Myopia of Learning [J]. Strategic Management Journal, 1993, 14: 95–112.

[76] Rosenkopf L, Mcgrath P. Advancing the conceptualization and operationalization of novelty in organizational research [J]. Organization Science, 2011, 22 (5): 1100–1637.

[77] Holland J H. Genetic algorithms [J]. Scientific American, 1992, 267 (1): 66–72.

[78] Katila R, Ahuja G. Something old, something new: A longitudinal study of search behavior and new product introduction [J]. Academy of Management Journal, 2002, 45 (6): 1183–1194.

[79] Gibson C B, Birkinshaw J. The antecedents, consequences, and mediating role of organizational ambidexterity [J]. Academy of Management Journal, 2004, 47 (2): 209–226.

[80] Raisch S, Birkinshaw J, Probst G, et al. Organizational ambidexterity: Balancing exploitation and exploration for sustained performance [J]. Organization Science, 2009, 20 (4): 685.

[81] Gupta A K, Smith K G, Shalley C E. The interplay between exploration and exploitation [J]. Academy of Management Journal, 2006, 49 (4): 693.

[82] Cummings J N. Work groups, structural diversity, and knowledge sharing in a global organization [J]. Management Science, 2004, 50 (3): 352–364.

[83] Gibson C B, Gibbs J L. Unpacking the concept of virtuality: The effects of geographic dispersion, electronic dependence, dynamic

structure, and national diversity on team innovation [J]. Administrative Science Quarterly, 2006, 51 (3): 451.

[84] Von Hippel E, Tyre M J. How learning by doing is done: problem identification in novel process equipment [J]. Research Policy, 1995, 24 (1): 1-12.

[85] Pisano G P. Knowledge, integration, and the locus of learning: An empirical analysis of process development [J]. Strategic Management Journal, 1994, 15 (S1): 85-100.

[86] Carrillo J E, Gaimon C. Improving manufacturing performance through process change and knowledge creation [J]. Management Science, 2000, 46 (2): 265-288.

[87] Ellis S, Davidi I. After-event reviews: drawing lessons from successful and failed experience [J]. Journal of Applied Psychology, 2005, 90 (5): 857.

[88] Roese N J, Olson J M. Outcome controllability and counterfactual thinking [J]. Personality and Social Psychology Bulletin, 1995, 21 (6): 620-628.

[89] Morris M W, Moore P C. The lessons we (don't) learn: Counterfactual thinking and organizational accountability after a close call [J]. Administrative Science Quarterly, 2000, 45 (4): 737-765.

[90] Wright T P. Factors affecting the cost of airplanes[J]. Journal of Aeronautical Sciences, 1936, 3 (4): 122-128.

[91] Lapré M A, Nembhard I M. Inside the organizational learning curve: Understanding the organizational learning process [M]. Now Publishers, 2011.

[92] Pisano G P, Bohmer R M J, Edmondson A C. Organizational differences in rates of learning: Evidence from the adoption of minimally invasive cardiac surgery [J]. Management Science, 2001: 752-768.

［93］ Levy F K. Adaptation in the production process ［J］. Management Science, 1965, 11 (6): 136–154.

［94］ Baloff N. Extension of the Learning Curve – Some Empirical Results ［J］. Operational Research Quarterly, 1971: 329–340.

［95］ Dutton J M, Thomas A. Treating progress functions as a managerial opportunity ［J］. Academy of Management Review, 1984, 9 (2): 235–247.

［96］ Adler P S. Shared learning ［J］. Management Science, 1990: 938–957.

［97］ Argote L, Beckman S L, Epple D. The persistence and transfer of learning in industrial settings ［J］. Management Science, 1990, 36 (2): 140–154.

［98］ Epple D, Argote L, Murphy K. An empirical investigation of the microstructure of knowledge acquisition and transfer through learning by doing ［J］. Operations Research, 1996, 44 (1): 77–86.

［99］ Hatch N W, Dyer J H. Human capital and learning as a source of sustainable competitive advantage ［J］. Strategic Management Journal, 2004, 25 (12): 1155–1178.

［100］ Darr E D, Argote L, Epple D. The acquisition, transfer, and depreciation of knowledge in service organizations: Productivity in franchises ［J］. Management Science, 1995, 41 (11): 1750–1762.

［101］ Van Biema M, Greenwald B. Managing our way to higher service-sector productivity ［J］. Harvard Business Review, 1997, 75: 87–97.

［102］ Lapré M A, Tsikriktsis N. Organizational learning curves for customer dissatisfaction: Heterogeneity across airlines ［J］. Management Science, 2006, 52 (3): 352–366.

［103］ Wiersma E. Conditions that shape the learning curve: Factors that increase the ability and opportunity to learn [J]. Management Science, 2007, 53 (12): 1903-1915.

[104] Brown J S, Duguid P. Organizational learning and communities-of-practice: Toward a unified view of working, learning, and innovation [J]. Organization Science, 1991, 2 (1): 40-57.

[105] Edmondson A C, Dillon J R, Roloff K S, et al. Three perspectives on team learning: Outcome improvement, task mastery, and group process [J]. Academy of Management Annals, 2007, 1: 269-314.

[106] Argote L, Insko C A, Yovetich N, et al. Group learning curves: The effects of turnover and task complexity on group performance [J]. Journal of Applied Social Psychology, 1995, 25 (6): 512-529.

[107] Lapré M A, Mukherjee A S, Van Wassenhove L N. Behind the learning curve: Linking learning activities to waste reduction [J]. Management Science, 2000: 597-611.

[108] Edmondson A C, Winslow A B, Bohmer R M J, et al. Learning how and learning what: Effects of tacit and codified knowledge on performance improvement following technology adoption [J]. Decision Sciences, 2003, 34 (2): 197-224.

[109] Reagans R, Argote L, Brooks D. Individual experience and experience working together: Predicting learning rates from knowing who knows what and knowing how to work together [J]. Management Science, 2005, 51 (6): 869-881.

[110] 中国民用航空局航空安全办公室, 中国民航科学技术研究院. 中国民航不安全事件统计分析报告 (2011 年) [EB/OL]. (2013-02-23) http://safety.caac.gov.cn/.

[111] Zollo M. Superstitious learning with rare strategic decisions: Theory and evidence from corporate acquisitions [J]. Organization Science, 2009, 20 (5): 894-908.

［112］ Beck T E, Plowman D A. Experiencing rare and unusual events richly: The role of middle managers in animating and guiding organizational interpretation ［J］. Organization Science, 2009, 20 (5): 909-924.

［113］ Christianson M K, Farkas M T, Sutcliffe K M, et al. Learning through rare events: Significant interruptions at the Baltimore & Ohio railroad museum ［J］. Organization Science, 2009, 20 (5): 846-860.

［114］ 谢玲红, 刘善存, 邱菀华. 学习型管理者的过度自信行为对连续并购绩效的影响［J］. 管理评论, 2011 (7): 149-154.

［115］ 郭冰, 吕巍, 周颖. 公司治理、经验学习与企业连续并购——基于我国上市公司并购决策的经验证据 ［J］. 财经研究, 2011 (10): 124-134.

［116］ 关涛, 胡峰. 并购整合过程中的学习机制: 以"故事"为载体的共同叙述过程［J］. 科学学与科学技术管理, 2007 (11): 158-160.

［117］ Zollo M, Reuer J J. Experience spillovers across corporate development activities ［J］. Organization Science, 2010, 21 (6): 1195-1212.

［118］ Kale P, Singh H. Building firm capabilities through learning: The role of the alliance learning process in alliance capability and firm-level alliance success ［J］. Strategic Management Journal, 2007, 28 (10): 981-1000.

［119］ 冷民. "联盟中的学习竞赛": 基于中国企业视角的联盟学习能力观［J］. 管理评论, 2007 (8): 43-48.

［120］ Haunschild P R, Rhee M. The role of volition in organizational learning: The case of automotive product recalls ［J］. Management Science, 2004, 50 (11): 1545-1560.

［121］ Vanneste B S, Puranam P. Repeated interactions and contractual detail: Identifying the learning effect ［J］. Organization Science,

2010，21（1）：186–201.

［122］ Mayer K J，Argyres N S. Learning to contract：Evidence from the personal computer industry ［J］. Organization Science，2004，15（4）：394–410.

［123］ Kim J Y，Kim J Y，Miner A S. Organizational learning from extreme performance experience：The impact of success and recovery experience ［J］. Organization Science，2009，20（6）：958–978.

［124］ Haunschild P R，Sullivan B N. Learning from complexity：Effects of prior accidents and incidents on airlines' learning ［J］. Administrative Science Quarterly，2002，47（4）：609–643.

［125］ Baum J A C，Dahlin K B. Aspiration performance and railroads' patterns of learning from train wrecks and crashes ［J］. Organization Science，2007，18（3）：368–385.

［126］刘铁忠，李志祥. 完善安全生产与遏制重特大安全事故核心方法——基于组织学习研究视角的探讨 ［J］. 公共管理高层论坛，2008（1）：41–51.

［127］ Beckman C M，Haunschild P R. Network learning：The effects of partners' heterogeneity of experience on corporate acquisitions ［J］. Administrative Science Quarterly，2002，47（1）：92–124.

［128］ Haleblian J，Finkelstein S. The influence of organizational acquisition experience on acquisition performance：A behavioral learning perspective ［J］. Administrative Science Quarterly，1999，44（1）：29–56.

［129］ Hayward M L A. When do firms learn from their acquisition experience? Evidence from 1990 to 1995 ［J］. Strategic Management Journal，2002，23（1）：21–39.

［130］ Lavie D，Miller S R. Alliance portfolio internationalization and firm performance ［J］. Organization Science，2008，19（4）：623–646.

［131］ Risen J，Gilovich T. Informal logical fallacies ［M］. Critical

Thinking in Psychology，Sternberg R J，Roediger Iii H L，Halpern D F，et al. New York：Cambridge University Press，2007：110–130.

[132] Carley K M，Harrald J R. Organizational learning under fire：Theory and practice [J]. American Behavioural Scientist，1997（40）：310–332.

[133] Bowker G C，Star S L. Sorting things out：Classification and its consequences [M]. The MIT Press，1999.

[134] Garud R，Dunbar R L M，Bartel C A. Dealing with unusual experiences： A narrative perspective on organizational learning [J]. Organization Science，2010：1100–1536.

[135] Dutton J E，Jackson S E. Categorizing strategic issues：Links to organizational action [J]. Academy of Management Review，1987，12（1）：76–90.

[136] Weick K E，Sutcliffe K M，Obstfeld D. Organizing and the process of sensemaking [J]. Organization Science，2005，16（4）：409–421.

[137] 罗晓利. 近 12 年中国民航人因事故与事故征候的分类研究 [J]. 航天医学与医学工程，2004（5）：318–321.

[138] 霍志勤，罗帆. 近十年中国民航事故及事故征候的统计分析 [J]. 中国安全科学学报，2006，16（12）：65–71.

[139] 中国民用航空总局. 民用航空安全信息管理规定 [EB/OL]. （2009–12–01）http：//www.caac.gov.cn/B1/B6/200912/t20091201_29183. html.

[140] Schein E H，Kommers D W. Professional Education：Some New Directions [M]. New York：McGraw–Hill，1972.

[141] Ocasio W. Towards an attention–based view of the firm [J]. Strategic Management Journal，1997，18：187–206.

[142] Ocasio W. Attention to attention [J]. Organization Science，2011，22（5）：1286–1296.

［143］ Greve H R. A behavioral theory of firm growth： Sequential attention to size and performance goals ［J］. Academy of Management Journal，2008，51（3）：476-494.

［144］ 高晶晶，应飚. 组织中的上谏行为［J］.科技管理研究，2010（19）：113-116.

［145］ Argote L，Greve H R. A behavioral theory of the firm -40 years and counting： Introduction and impact ［J］. Organization Science，2007，18（3）：337.

［146］ Gavetti G，Levinthal D，Ocasio W. Neo -Carnegie： The Carnegie School's past，present，and reconstructing for the future ［J］. Organization Science，2007，18（3）：523-536.

［147］ Levinthal D，Rerup C. Crossing an apparent chasm： Bridging mindful and less -mindful perspectives on organizational learning ［J］. Organization Science，2006，17（4）：502.

［148］ Miller D. The architecture of simplicity ［J］. Academy of Management Review，1993，18（1）：116-138.

［149］ Weick K E，Sutcliffe K M. Mindfulness and the quality of organizational attention ［J］. Organization Science，2006，17（4）：514.

［150］ Weick K E. Sensemaking in Organizations ［M］. Sage Publications，Incorporated，1995.

［151］ Riessman C K. Narrative analysis ［M］. Newbury Park，CA： Sage，1993.

［152］ Bartel C A，Garud R. The role of narratives in sustaining organizational innovation ［J］. Organization Science，2009，20（1）：107-117.

［153］ Nelson R R，Winter S G. An evolutionary theory of economic change ［M］. Cambridge，MA： Belknap Press，1982.

［154］ Weick K E，Sutcliffe K M，Obstfeld D. Organizing and the process of sensemaking ［J］. Organization science，2005，16（4）：409-421.

［155］ Nonaka I. A dynamic theory of organizational knowledge creation ［J］. Organization Science，1994，5（1）：14-37.

［156］ Zollo M，Winter S G. Deliberate learning and the evolution of dynamic capabilities ［J］. Organization Science，2002，13（3）：339-351.

［157］ 3M 公司官方网站. 3M 公司概述 ［EB/OL］. http：// www9.3m.com/intl/cn/contact/company4_1.html.

［158］ 罗瑞. 创意成真：世界上最成功的商业突破 ［M］. 北京：航空工业出版社，1997.

［159］ 3M 公司官方网站. 报事贴的诞生 ［EB/OL］. http：//solutions 9.3m.com/wps/portal/3M/zh_CN/Post-itBrand/Post-it/Resources/One/.

［160］ Lindhal L. Spence Silver：A scholar and a gentleman ［J］. 3M Today，1988，15（1）：12-17.

［161］ 中国民用航空总局. 民用航空器事故和飞行事故征候调查规定 ［EB/OL］. （2007-03-26） http：//www.caac.gov.cn/B1/B6/200703/ t20070326_1743.html.

［162］ 民航中南空管局. 中南空管安全自愿报告系统 ［EB/OL］. http：//atcreport.atmb.org/suoming.htm.

［163］ 航空安全自愿报告系统课题组. 航空安全自愿报告系统研究 ［EB/OL］. http：//scass.air-safety.com.

［164］ 中国民用航空总局航空安全办公室. 航空安全自愿报告系统 ［EB/OL］. http：//scass.air-safety.com/.

［165］ Johns G. The essential impact of context on organizational behavior ［J］. Academy of Management Review，2006，31（2）：386-408.

［166］ Lave J，Wenger E. Situated learning：Legitimate peripheral participation ［M］. Cambridge University Press，1991.

［167］ Bunderson J S，Boumgarden P. Structure and learning in self-managed teams：Why "bureaucratic" teams can be better learners ［J］. Organization Science，2010，21（3）：609-624.

［168］ Fang C, Lee J, Schilling M A. Balancing Exploration and Exploitation Through Structural Design: The Isolation of Subgroups and Organizational Learning ［J］. Organization Science, 2010, 21 (3): 625–642.

［169］ Bunderson J S, Reagans R E. Power, status, and learning in organizations ［J］. Organization Science, 2010: 1100–1590.

［170］ Contu A, Willmott H. Re–embedding situatedness: The importance of power relations in learning theory ［J］. Organization Science, 2003: 283–296.

［171］ Hansen M T. Knowledge Networks: Explaining Effective Knowledge Sharing in Multiunit Companies ［J］. Organization Science, 2002, 13 (3): 232–248.

［172］ Reagans R, Mcevily B. Network structure and knowledge transfer: The effects of cohesion and range ［J］. Administrative Science Quarterly, 2003, 48 (2): 240–267.

［173］ Bunderson J S, Sutcliffe K M. Management team learning orientation and business unit performance ［J］. Journal of Applied Psychology, 2003, 88 (3): 552–560.

［174］ Edmondson A C. Psychological safety and learning behavior in work teams ［J］. Administrative Science Quarterly, 1999, 44 (2): 350–383.

［175］ Ingram P, Baum J A C. Opportunity and constraint: Organizations' learning from the operating and competitive experience of industries ［J］. Strategic Management Journal, 1997, 18 (S1): 75–98.

［176］ Higgins E T. Beyond pleasure and pain ［J］. American Psychologist, 1997, 52 (12): 1280.

［177］ Davis M A. Understanding the relationship between mood and creativity: A meta–analysis ［J］. Organizational Behavior and Human Decision Processes, 2009, 108 (1): 25–38.

［178］ Kane A A, Argote L, Levine J M. Knowledge transfer between groups via personnel rotation: Effects of social identity and knowledge quality [J]. Organizational Behavior and Human Decision Processes, 2005, 96 (1): 56–71.

[179] Kogut B, Zander U. What firms do? Coordination, identity, and learning [J]. Organization Science, 1996, 7 (5): 502–518.

[180] Greve H R. Organizational learning from performance feedback: A behavioral perspective on innovation and change [M]. Cambridge University Press, 2003.

[181] Denrell J, Fang C, Levinthal D A. From T –mazes to Labyrinths: Learning from Model –Based Feedback [J]. Management Science, 2004, 50 (10): 1366–1378.

[182] Van der Vegt G S, de Jong S B, Bunderson J S, et al. Power asymmetry and learning in teams: The moderating role of performance feedback [J]. Organization Science, 2010, 21 (2): 347–361.

[183] Cho T S, Hambrick D C. Attention as the mediator between top management team characteristics and strategic change: The case of airline deregulation [J]. Organization Science, 2006, 17 (4): 453–469.

[184] Nadkarni S, Barr P S. Environmental context, managerial cognition, and strategic action: An integrated view [J]. Strategic Management Journal, 2008, 29 (13): 1395–1427.

[185] Sullivan B N. Competition and beyond: Problems and attention allocation in the organizational rulemaking process [J]. Organization Science, 2010, 21 (2): 432–450.

[186] Veil S R. Mindful learning in crisis management [J]. Journal of Business Communication, 2011, 48 (2): 116–147.

[187] Bechky B A, Okhuysen G A. Expecting the unexpected? How SWAT officers and film crews handle surprises [J]. Academy of Management Journal, 2011, 54 (2): 239–261.

［188］ Ren C R, Guo C. Middle managers' strategic role in the corporate entrepreneurial process: Attention–based effects［J］. Journal of Management, 2011, 37（6）: 1586–1610.

［189］ Columbia Accident Investigation Board. Columbia accident investigation board report［R］. Washington, DC: U.S. Government Printing Office, 2003.

［190］ Simon H A. Administrative Behavior: A Study of Decision Making Processes in Administrative Organizations［M］. New York: Free Press, 1947.

［191］ Knudsen M. Forms of inattentiveness: The production of blindness in the development of a technology for the observation of quality in health services［J］. Organization Studies, 2011, 32（7）: 963–989.

［192］ Arthur J B, Huntley C L. Ramping up the organizational learning curve: Assessing the impact of deliberate learning on organizational performance under gainsharing［J］. Academy of Management Journal, 2005, 48（6）: 1159–1170.

［193］ Adler P S, Clark K B. Behind the learning curve: A sketch of the learning process［J］. Management Science, 1991, 37（3）: 267–281.

［194］ Bohn R E. Measuring and managing technological knowledge ［J］. Sloan Management Review, 1994, 36（1）: 61–73.

［195］ Choo A S, Linderman K W, Schroeder R G. Method and psychological effects on learning behaviors and knowledge creation in quality improvement projects ［J］. Management Science, 2007, 53（3）: 437–450.

［196］ Mukherjee A S, Lapré M A, Van Wassenhove L N. Knowledge driven quality improvement［J］. Management Science, 1998, 44（11）: 35–49.

［197］ Tucker A L, Nembhard I M, Edmondson A C. Implementing

new practices：An empirical study of organizational learning in hospital intensive care units [J]. Management Science，2007，53（6）：894-907.

［198］Nembhard I M，Tucker A L. Deliberate learning to improve performance in dynamic service settings：Evidence from hospital intensive care units [J]. Organization Science，2011，22（4）：907-922.

［199］陈国权. 组织学习和学习型组织：概念、能力模型、测量及对绩效的影响 [J]. 管理评论，2009，21（1）.

［200］陈国权，郑红平. 组织学习影响因素、学习能力与绩效关系的实证研究 [J]. 管理科学学报，2005（1）.

［201］陈国权. 学习型组织的学习能力系统、学习导向人力资源管理系统及其相互关系研究——自然科学基金项目（70272007）回顾和总结 [J]. 管理学报，2007（6）.

［202］吴价宝. 组织学习能力测度 [J]. 中国管理科学，2003（4）：74-79.

［203］吴价宝. 基于组织学习的企业核心能力形成机理 [J]. 中国软科学，2003（11）：65-70.

［204］谢洪明，刘常勇，陈春辉. 市场导向与组织绩效的关系：组织学习与创新的影响——珠三角地区企业的实证研究 [J]. 管理世界，2006（2）：80-94.

［205］陈劲，邱嘉铭，沈海华. 技术学习对企业创新绩效的影响因素分析 [J]. 科学学研究，2007（6）：1223-1232.

［206］贺远琼，田志龙. 组织学习与企业绩效的关系——基于适应能力视角的实证研究 [J]. 研究与发展管理，2008（1）：91-96.

［207］苏中锋，王栋，陈永广. 组织学习对企业获取创新收益的影响研究 [J]. 研究与发展管理，2011（1）：31-36.

［208］曾萍，蓝海林. 组织学习对绩效的影响：中介变量作用研究综述 [J]. 研究与发展管理，2011（1）：44-53.

［209］Miller K D，Zhao M，Calantone R J. Adding interpersonal

learning and tacit knowledge to March's Exploration –Exploitation Model [J]. Academy of Management Journal, 2006, 49 (4): 709.

[210] Siggelkow N, Rivkin J W. When exploration backfires: Unintended consequences of multilevel organizational search [J]. Academy of Management Journal, 2006, 49 (4): 779.

[211] Argyris C, Schon D A. Organizational learning: A theory of action perspertive [M]. MA: Addison Wesley, 1978.

[212] James W, Burkhardt F, Skrupskelis I K. The principles of psychology [M]. Harvard University Press, 1981.

[213] Hoffman A J, Ocasio W. Not all events are attended equally: Toward a middle–range theory of industry attention to external events [J]. Organization Science, 2001, 12 (4): 414–434.

[214] Ocasio W, Joseph J. An attention –based theory of strategy formulation: Linking micro –and macroperspectives in strategy processes [J]. Advances in Strategic Management, 2005, 22: 39–61.

[215] Bureau of Transportation Statistics. Airport activity statistics of certificated air carriers summary tables [EB/OL]. (2014 –11 –05) http: // www.rita.dot.gov/bts/sites/rita.dot.gov.bts/files/publications/airport_activity_statistics_of _certificated_air_carriers/2000/index.html.

[216] Bureau of Transportation Statistics. National transportation statistics [EB/OL]. (2014 –11 –05) http: //www.rita.dot.gov/bts/sites/r ita.dot.gov.bts/files/publications/national_transportation_statistics/2011/index.html.

[217] Long J S, Freese J. Regression models for categorical dependent variables using stata [M]. Stata Corporation, 2006.

[218] Greene W H. Econometric analysis [M]. New York: Macmillan, 2000.

[219] Kennedy P. A guide to econometrics [M]. Cambridge, MA: MIT Press, 1992.

［220］ Keating E, Oliva R, Repenning N, et al. Overcoming the improvement paradox ［J］. European Management Journal, 1999, 17（2）: 120–134.

［221］ Stuart T E, Podolny J M. Local search and the evolution of technological capabilities ［J］. Strategic Management Journal, 1996, 17（S1）: 21–38.

［222］ Miner A S, Bassoff P, Moorman C. Organizational improvisation and learning: A field study ［J］. Administrative Science Quarterly, 2001, 46（2）: 304–337.

［223］ Levinthal D A. Adaptation on rugged landscapes ［J］. Management Science, 1997, 43（7）: 934–950.

［224］ Fleming L, Sorenson O. Technology as a complex adaptive system: evidence from patent data ［J］. Research Policy, 2001, 30（7）: 1019–1039.

［225］ Levinthal D, March J G. A model of adaptive organizational search ［J］. Journal of Economic Behavior & Organization, 1981, 2（4）: 307–333.

［226］ Cohen W M, Levinthal D A. Absorptive capacity: A new perspective on learning and innovation ［J］. Administrative Science Quarterly, 1990, 35（1）: 128–152.

［227］ Cohen W M, Levinthal D A. Fortune favors the prepared firm ［J］. Management Science, 1994, 40（2）: 227–251.

［228］ Zahra S A, George G. Absorptive capacity: A review, reconceptualization, and extension ［J］. Academy of Management Review, 2002, 27（2）: 185–203.

［229］ Volberda H, Foss N J, Lyles M. Absorbing the concept of absorptive capacity: How to realize its potential in the organization field ［J］. Organization Science, 2010, 21（4）: 931–951.

［230］ Davis A, Gardner B B, Gardner M R, et al. Deep south ［M］. University of Chicago Press, 1941.

［231］ Hanneman R A, Riddle M. Introduction to social network methods ［M］. University of California Riverside, 2005.

［232］ 罗家德. 社会网络分析讲义 ［M］. 北京: 社会科学文献出版社, 2005.

［233］ Miner A S, Mezias S J. Ugly duckling no more: Pasts and futures of organizational learning research ［J］. Organization Science, 1996, 7（1）: 88–99.